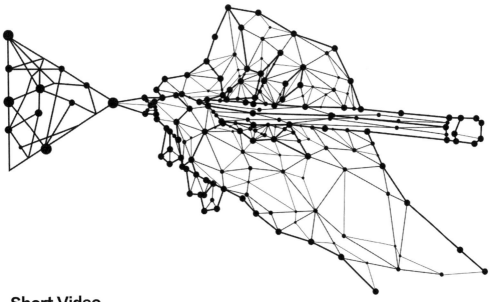

Short Video
Copywriting

短视频文案

爆款标题＋剧情编写＋带货话术＋评论互动

文能载商 —— 编著

清华大学出版社

北京

内 容 简 介

文案是短视频运营的核心，无论是在前期的剧本策划，还是在视频标题的编写，以及带货、粉丝的评论回复中，都需要文案。好的文案能提高短视频阅读量、点赞率，且有助于引流涨粉、带货卖货。

本书从短视频文案入门、市场调研、营销推广、标题撰写、标题优化、封面设计、编写脚本、情节设计、吸粉话术、带货话术、评论引流、回复评论共 12 个方面，进行了全面、详尽的解读。

本书特别适合短视频运营者、新媒体文案创作者，以及对文案、标题、剧情、带货感兴趣的读者阅读。

图书在版编目(CIP)数据

短视频文案：爆款标题＋剧情编写＋带货话术＋评论互动 / 文能载商编著 . —北京：清华大学出版社，2023.2（2023.8 重印）

（新时代·营销新理念）

ISBN 978-7-302-58776-7

Ⅰ.①短… Ⅱ.①文… Ⅲ.①网络营销 Ⅳ.① F713.365.2

中国版本图书馆 CIP 数据核字 (2021) 第 146399 号

责任编辑：刘　洋
封面设计：徐　超
版式设计：方加青
责任校对：宋玉莲
责任印制：曹婉颖

出版发行：清华大学出版社
　　网　　　址：http://www.tup.com.cn，http://www.wqbook.com
　　地　　　址：北京清华大学学研大厦 A 座　　　　邮　　编：100084
　　社 总 机：010-83470000　　　　　　　　　　　邮　　购：010-62786544
　　投稿与读者服务：010-62776969，c-service@tup.tsinghua.edu.cn
　　质 量 反 馈：010-62772015，zhiliang@tup.tsinghua.edu.cn
印 装 者：三河市东方印刷有限公司
经　　销：全国新华书店
开　　本：170mm×240mm　　印　　张：16　　字　　数：270 千字
版　　次：2023 年 2 月第 1 版　　印　　次：2023 年 8 月第 2 次印刷
定　　价：79.00 元

产品编号：087825-01

前言
PREFACE

　　短视频行业无疑是近年来发展速度最快的行业之一。抖音、快手、抖音火山版、西瓜视频和微视等短视频平台不断涌现，并获得了庞大的用户群。我们周围越来越多的人在闲暇时间刷起了短视频，甚至许多人用刷短视频代替了原来的娱乐项目。

　　也正是因为看到了短视频行业的快速发展，所以，许多人涌入了短视频行业，并且还有一部分人正打算通过短视频进行创业。然而，短视频平台虽多，却日渐呈现饱和状态，主流的几个短视频平台也不例外。随着短视频平台的日渐饱和，一条短视频要想成为热门视频也将变得越来越难。

　　当然，无论是在什么情况下，一条短视频能够成为热门的核心都是不会变的，那就是拥有高质量的短视频文案。那么，要如何制作高质量的短视频文案呢？许多短视频运营者都对这个问题犯了愁。

　　但即便是犯愁，问题终归还是要解决的。所以，许多人抱着"实践出真知"的想法，自己在短视频平台中摸索了起来，花费了大量时间来学习其他短视频运营者的经验，但是，却始终难以找到适合自己的方案。最终结果就是花费了许多时间摸索，制作的短视频文案却难以获得预期的效果。

作为一名多年从事短视频创作的短视频运营者，笔者在短视频文案创作方面积累了一定的经验。再加上市场对短视频文案实战类图书的需求很大，于是，笔者便结合自身的运营实践，推出了本书。

本书是专注于讲解短视频文案创作的实战类图书，全书通过 5 篇 12 章内容对短视频文案的相关知识点进行了全面的解读，具体如下所述。

文案入门篇： 通过对文案的入门知识、文案创作前的市场调研和文案的营销推广这 3 个部分进行讲解，帮助广大短视频运营者和文案创作者快速入门短视频文案。

标题提炼篇： 通过对标题撰写、标题优化和封面设计进行讲解，帮助广大短视频运营者和文案创作者打造爆款短视频标题。

剧本编写篇： 通过对编写脚本和情节设计进行解读，助力广大短视频运营者和文案创作者更好地创作出高质量的短视频文案剧本。

话术攻略篇： 对吸粉话术和带货话术这两个部分进行讲解，让短视频运营者和文案创作者能够快速找到达到创作目的的话术。

评论互动篇： 通过对评论引流和回复评论两个部分进行讲解，帮助短视频运营者和文案创作者掌握短视频评论区文案的互动技巧，从而借助短视频评论区更好地实现引流、吸粉和带货。

需要特别说明的是，本书是在作者运营的基础上提炼出来的，虽然核心内容具有广泛的适用性，但是，每个短视频运营者在运营过程中面临的具体情况不同，在学习这本书的过程中，应重点掌握相关的运营技巧，并结合自身的实际情况，找到更适合自己的短视频文案制作方式。

本书由文能载商主笔，由于作者知识水平有限，书中难免有疏漏之处，恳请广大读者批评、指正。

目录
CONTENTS

文案入门篇

第1章 文案入门：从零开始，快速了解文案

第 2 章　市场调研：有理有据，明确创作方向

第 3 章　营销推广：广泛传播，实现"赢销"

标题提炼篇

第 4 章　标题撰写：简单精准，一句话就够了

剧本编写篇

第 7 章 编写脚本:天马行空,吸引粉丝点赞

第8章　情节设计：脑洞够大，善于挖掘热梗

话术攻略篇

第 9 章　吸粉话术：引爆流量，吸引粉丝关注

第 10 章　带货话术：引爆销量，激发购买欲望

评论互动篇

第11章　评论引流：被动吸粉，获得精准用户

文案入门篇

/第/ 1 /章/

文案入门：从零开始，快速了解文案

📖 学前提示

"文案"这个词许多人都听说过，那么什么是文案，怎么创作文案呢？这一章笔者就来对文案的一些入门知识进行讲解，帮助大家从零开始，快速了解文案的相关内容。

📖 要点展示

- ⊙ 了解文案的基础知识
- ⊙ 文案创作者的基本素质
- ⊙ 把握文案创作的核心要点
- ⊙ 让短视频文案更加吸睛

了解文案的基础知识

随着社会的不断发展，文案的应用越来越广泛，从事文案创作的人员也在不断增多。那么文案创作者需要了解哪些内容呢？这一节，笔者就来为大家介绍关于文案的一些基础知识。

1.1.1 文案的基本概念

文案，最初是指用于放书的桌子，后来泛指在桌子上写字的人。现在所说的文案一是指用于宣传或销售产品服务的文字；二是指文案这个职位。

在实际的写作应用中，文案在内容上是"广告文案"的简称，由英文"copy writer"翻译而来。文案的概念有广义和狭义之分，如图1-1所示。

图1-1 文案的概念

互联网的不断发展使网络平台推广变得越来越普遍。基于此，越来越多的人开始使用短视频等平台进行文案营销。短视频文案是在短视频平台上用短视频内容来体现广告创意和内容的一种宣传方式。

1.1.2 文案的内容构成

随着各行业对文案的重视程度不断提高，文案在多个行业，尤其是在短视频领域中发挥着越来越大的作用。文案中一般都会包含文字和短视频画面，二者的形式虽然不同，但还是服务于同一个主题的。因此，在撰写文案时，必须将文字和短视频画面紧密结合起来。

一个完整的文案主要由两部分构成。下面针对短视频文案的两个组成部分进行简单分析。

1. 文字

短视频中的文字是对短视频文案主题的体现，其往往也是推广的重点。短视频文字的相关分析如图1-2所示。

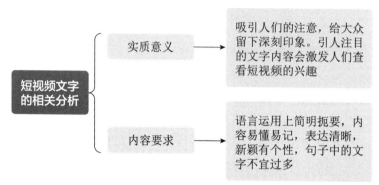

图1-2　短视频文字的相关分析

2. 短视频画面

在任何行业中，要想打败竞争对手，获得目标用户的认同，都不能没有品牌宣传和推广，而短视频画面是宣传推广中最为直接有效的内容，其具体分析如图1-3所示。

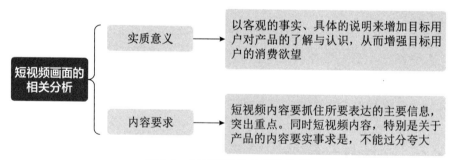

图1-3　短视频画面的相关分析

1.1.3　文案的三大种类

从文案营销作用的角度来分类，常见的文案种类包括以下三大类。

1. 推广类文案

短视频文案在推广上有很强的作用，一个好的短视频文案，能起到不错的宣传推广作用，为商家带来较为可观的客流量。

图1-4所示的短视频，不仅对多套服装进行了展示，而且提供了产品的购买链接，很显然这个短视频的文案就是推广类的。

图 1-4 推广类文案

2. 公众类文案

公众类文案就是有助于企业或机构处理好内外公共关系以及向公众传达企业各类信息的文案。公众类文案可以分为公关文案与新闻文案。公关文案就是有助于企业或机构组织塑造良好形象，培养良好公众关系的新近事实的报道。

有的企业就是通过企业公众类文案来处理企业与员工之间的关系，一旦企业发生危机，就在第一时间处理好企业与公众之间的关系，如2018年的滴滴女乘客被害事件，相关企业就必须给公众一个交代。

图1-5所示为小米手机发布的一条短视频，在该短视频中对小米的10年发展情况以及未来的发展方向进行了说明。由此不难看出，这个短视频的文案就是向公众传达企业信息的公众类文案。

图 1-5　公众类文案

3. 品牌力文案

品牌力文案指有助于品牌建设、累积品牌资产的文案。品牌力文案一般由企业主导，企业可以自己撰写，也可以请专业团队撰写，撰写的角度多半有利于提升品牌知名度、联想度、美誉度及忠诚度。图 1-6 为华为发布的一条短视频，该短视频就是通过该品牌的获奖情况来提升品牌力的。

图 1-6　品牌力文案

在品牌力文案中，故事推广可以说是一大利器。在笔者看来，品牌力离不开故事影响力，一个广告的好坏取决于文案内容，一个品牌的传播离不开它的品牌价值，而讲故事又是传达品牌价值的一种重要方式。因此，文案创作者要通过故事去传播品牌、传承品牌价值。

1.1.4　文案的价值体现

在现代商业竞争中，精彩的文案往往能够让一个企业在众多的同类型企业中脱颖而出。

图 1-7 所示的短视频广告文案，就是着重突出服装穿着显瘦，来表现出其产品的优质性与适用性。

图 1-7　某服装的短视频广告文案

对于企业而言，一个优质的文案可以促进品牌推广、提高人气和影响力，进而提升企业声誉，帮助企业获得更多的用户。

在网络营销推广中文案更是起着举足轻重的作用，主要是因为一个好的文案能为企业带来大量的流量，这些流量可转化为较大的商业价值。

而在众多的网络推广方式中，短视频文案因可看性强、流通性广、效果持久等特点而广受追捧。至于短视频文案具体有什么样的作用，笔者个人认为体现在以下 3 个方面。

1. 提高关注度

同一时间段发布大量短视频文案，可以很快地使推广的产品或内容获得广泛的关注。这一点对于品牌新产品的宣传推广来说特别重要，正是因为如此，许多企业在推出新产品之后，都会通过对应的文案来进行宣传推广。

图 1-8 所示为 OPPO 的新品短视频文案，其便是通过展示新品发布会的短视频来宣传新品，并提高新品的关注度的。

图 1-8　通过短视频文案提高关注度

2. 增强信任感

通过短视频平台进行营销，要面对的一个主要问题就是用户对短视频运营者的信誉会有所怀疑。因此，短视频运营者在短视频文案中，可以宣传自己的公司形象、专业领域，更要解决用户的实际问题，从而增强用户对其的信任感。

如果短视频文案的内容和用户切身相关，并能为用户提供有建设性的帮助和建议，那么文案就能更好地说服用户，并让其对短视频运营者多一份信任感。

图 1-9 所示的短视频，通过拍摄教程的说明和拍摄结果的展示，让用户看到了短视频运营者在拍摄方面的专业性和拍摄方案的可执行性。因此，许多用户看到短视频之后，会对该短视频运营者发布的内容比较信任。

3. 传播价值观

　　文案不同于广告，这主要是因为文案在很大程度上带有个人的分析，而不只是将内容广而告之，这就属于自己的价值观的一种表达。在短视频文案中不仅可以表达自己的观点，而且可以宣传产品、引导用户消费。如果短视频内容获得了用户的认同，还可以吸引观点相同的朋友共同讨论进步。

图 1-9　通过短视频文案增强信任感

　　在图 1-10 所示的短视频文案中，短视频运营者就是通过短视频内容来向用户传播自身的爱情价值观的。

图 1-10　通过短视频文案传播价值观

1.2 文案创作者的基本素质

对于品牌推广而言，对内对外的宣传都是极为重要的。专业的文案创作者对于品牌推广的作用和影响是十分明显的。

文案创作者主要分为三类，分别是公司的雇员、自由撰稿人和内容创业者。不管是哪一类文案创作者都需要具备相关的基本素质。除了必备的工作素养之外，文案创作者还应该有很强的沟通和协调能力，因为在日常工作中还需要跟设计师和运营人员沟通，通过相互协作来完成工作。

1.2.1 做文案要有四种基本能力

无论哪种类型的文案创作者，都应具备以下四种基本能力，如图1-11所示。

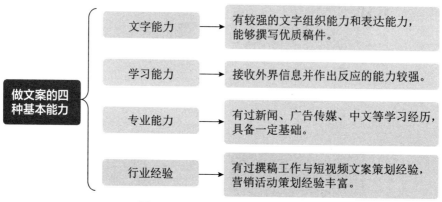

做文案的四种基本能力	文字能力	有较强的文字组织能力和表达能力，能够撰写优质稿件。
学习能力	接收外界信息并作出反应的能力较强。
专业能力	有过新闻、广告传媒、中文等学习经历，具备一定基础。
行业经验	有过撰稿工作与短视频文案策划经验，营销活动策划经验丰富。

图 1-11　做文案的四种基本能力

1.2.2 与相关人员做好沟通协作

文案创作的工作并不是独立存在的，要完成这项工作，设计师和文案创作人员以及运营人员需要充分沟通，相互配合。

文案创作者要和运营者充分沟通，明确文案营销目的以及该阶段运营需要达到的效果；设计师要了解文案内容，使创意的视觉效果得到最大限度的发挥；运营者要让文案创作者和设计师的工作成果传播得更快，扩大宣传的影响力。

为了让短视频文案的项目成果得到落实，文案创作者、设计者和运营者三者在沟通时就要注意以下四个方面，如图 1-12 所示。

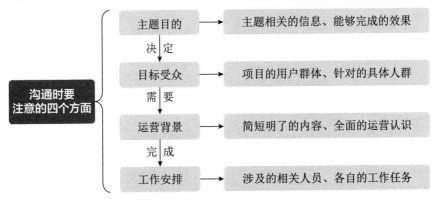

图 1-12　沟通时要注意的四个方面

 把握文案创作的核心要点

如何把握文案创作的核心要点，快速打造吸睛的短视频文案呢？本节笔者将从挖掘用户的痛点、拉近与用户的距离以及体现文案的价值性这 3 个方面进行探讨。

1.3.1　挖掘用户的痛点

企业要想让自己的短视频文案成功吸引用户的注意力，就需要将文案变得有魔力，这种魔力可以从"痛点"中获取。"痛点"是什么呢？所谓的"痛点"是指用户在日常生活中所碰到的问题、让他们纠结和抱怨的事情。如果"痛点"得不到解决，那么用户就会浑身不自在，甚至会感到痛苦。

如果文案创作者能够将用户存在的"痛点"体现在短视频文案中，并且给出解决方法，那么文案就会快速吸引一部分用户的注意力。

例如，图 1-13 所示的短视频文案就直击了用户忧心孩子沉迷于电子产品和担心孩子的玩具不安全的痛点。因此，在看到该短视频中的产品能够解决这些痛点时，家长们自然就会对这些产品产生兴趣。

图 1-13　解决痛点的短视频文案

　　总之，文案创作者需要做的就是发现消费者的"痛点"。以这个"痛点"为核心，找到解决"痛点"的方法，并且将方法和产品联系在一起，最后巧妙地融入短视频文案的主题中，明确地传递给受众一种思想，帮助他们找到解决问题的方案。

　　"痛点"的挖掘是一个长期的过程，不可能一步到位。文案创作者可以从细节上开始挖掘，哪怕一个两个也好，再认真体会用户的需求，通过文案为解决痛点提供方案，这样创作出的短视频文案才能触动用户的心弦。

1.3.2　拉近与用户的距离

　　撰写一个优秀的短视频文案的第一步，就是寻找用户感兴趣的话题。为此，短视频运营者可以搜索相关的资料进行整理，产出用户感兴趣的内容，从而消除与用户之间的陌生感，让用户对短视频文案产生认同感，进而取得用户的信任。

　　我们要记住一点，短视频文案的受众是广大的短视频用户，因此，文案创作的基本前提和要素是将用户需求放在第一位。但不同类型的用户对文案的需求是不一样的。那么在创作文案的时候，到底应该怎么做才算是把用户放在第一位呢？

笔者认为主要有 3 点技巧，即根据对象设定文案风格、根据职业使用相关的专业语言以及根据需求打造不同的短视频内容。掌握了这些技巧，就能够拉近与用户之间的距离，为文案创造更好的传播效应。

例如，一个"跑后'六不要'"的短视频文案中，"六不要"就是针对所有热爱运动或者平时有运动爱好的用户打造的，因此，该短视频很容易地就拉近了与这类群体之间的距离，而且"不要"这两个字也引起了用户对短视频内容的注意，如图 1-14 所示。

图 1-14　拉近与用户距离的文案

总之，短视频文案无论是标题，还是内容，都应突出受众想要看到的字眼，使用户一看到标题就会点进去观看，从而有效地提升短视频的点击量。

1.3.3　体现文案的价值

一个优秀的短视频文案，必定会具备一定的价值。一般而言，优秀的文案除了要提及需要宣传的内容外，还要充分体现新闻价值、学习价值、娱乐价值和实用价值，具体内容如图 1-15 所示。

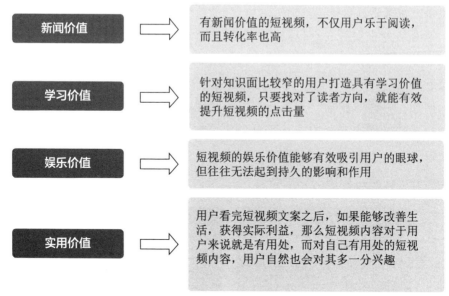

图 1-15　优秀短视频文案的 4 个价值

有价值的短视频文案不仅能够起到宣传作用，还能够增强其可看性，让用户在观看短视频时，感觉到愉悦。笔者将提升文案价值的技巧进行了总结，具体如图 1-16 所示。

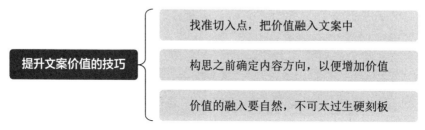

图 1-16　提升文案价值的技巧

以抖音号"手机摄影构图大全"为例，它推出的内容基本上都是富有实用价值的。图 1-17 所示为其摄影方面的技巧分享。

这个抖音号分享的内容比较广泛，有构图技巧，也有后期图片处理的技巧等。只要是用户能够用到的摄影知识，它都会进行推送。这样的短视频不仅能够为用户提供实用价值，而且还可以帮助用户提高学习能力。

提供实用知识和技巧的短视频文案往往能够得到用户的青睐，虽然文案的价值不仅仅局限于实用技巧的展示，但从最为直接和实际的角度来看，能够提供行之有效、解决问题的方法和窍门是广大用户都乐意接受的。这也是短视频文案需要具备价值的原因之一。

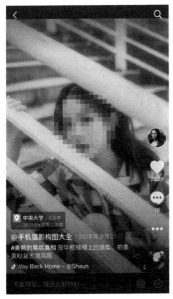

图 1-17 具有实用价值的短视频文案

 ## 1.4 让短视频文案更加吸睛

如何让短视频文案更加吸引眼球？本节，笔者将从如何描绘使用场景、如何紧跟时事热点、如何正确使用网络用语，以及如何写出短小精悍的短视频文案这 4 个方面进行讲述。

1.4.1 展示使用场景

短视频文案并不只是简单地用画面堆砌成一个短视频就万事大吉，而是需要让用户在观看短视频时，就能看到一个与生活息息相关的场景，从而产生身临其境的感觉。如此一来，短视频文案才能更好地勾起用户继续观看短视频的兴趣。

一般来说，有两种打造短视频文案场景的方法，一种是特写式，另一种是鸟瞰式，如图 1-18 所示。

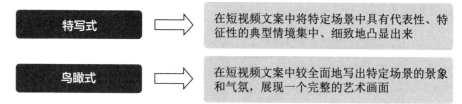

特写式	⇒	在短视频文案中将特定场景中具有代表性、特征性的典型情境集中、细致地凸显出来
鸟瞰式	⇒	在短视频文案中较全面地写出特定场景的景象和气氛，展现一个完整的艺术画面

图 1-18　打造短视频场景的方法

图 1-19 所示为展示使用效果的短视频，与大多数短视频一味地展示产品的外观不同，它在介绍口红之余，还展示了口红的使用场景（运营者在短视频中使用口红，让用户看到了具体的使用效果）。这便是一条通过展示使用场景来打动用户的短视频。

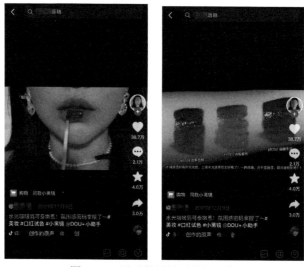

图 1-19　展示使用效果的短视频

1.4.2　紧跟时事热点

所谓"时事要点"，即可以引起众人重点关注的中心事件或信息等，紧跟热点的文案可以提高点击量。值得注意的是，大部分人都对热门的事物感兴趣，因此热点一般都能吸引大多数人的眼球。无论是什么内容，都可以往热点上面靠一靠，这样打造出爆款短视频文案的成功率更高。

由于短视频平台具有即时性的特点，因而时事要点的传播有了可能。特别是抖音、快手等短视频平台，拥有数量庞大的用户。因此在这些短视频平台上，打造紧抓时事要点的短视频文案，有利于实现短视频的快速传播。

结合热点、要点的短视频文案能够产生较强的传播力。那么，打造文案时要如何牢牢抓住热点并与热点紧密结合呢？笔者将其技巧总结为3点，如图1-20所示。

图1-20　短视频文案抓住时事热点的技巧

举例来说，2020年1月中下旬以来，关于新冠肺炎疫情的相关内容受到了各方面的广泛关注。基于这一点，抖音号"人民日报"实时发布了大量与新冠肺炎相关的短视频，如图1-21所示。由于紧跟热点，其发布的短视频每一条的点击量、点赞量都非常高。

图1-21　紧跟时事的短视频文案

1.4.3　使用网络用语

文字是组成短视频文案的基本成分之一，同时也是表达诉求和情感的重要载体，使用好文字，是打造爆款短视频文案的重中之重。

文字是打造优秀短视频文案的关键。对文字的要求主要包括实事求是、接地气以及紧跟时代潮流这3点。

一般而言，人们不会每天都关注新闻要点，但大部分人每天都会看朋友圈的动态、刷短视频。基于人们对新闻要点的兴趣，如果有人能主动推送的话，用户也会点击查看。因此，在短视频文案中巧妙地植入时事要点，是非常值得短视频文案营销借鉴的一个技巧。

网络用语是人们日常生活中常用的语言之一，虽然有时候网络用语不太规范，但是，因为被大众广泛使用，所以当运营者在短视频文案中使用网络用语时，许多用户还是可以理解的。而且网络用语在一段时间内可能会成为热门用语，此时，运营者在短视频中使用该网络用语，则可以快速吸引用户的注意力，拉近与用户之间的距离。

随着电视剧《大世界》热播，剧中某人物的一句台词："你有什么可豪横的？"快速被大众熟知，并成为热门的网络用语。"豪横"原本有强暴蛮横、爽朗有力、性格刚强有骨气等意思。而该电视剧中配合着人物的语气说出这句话，让人觉得人物很拽、很有霸气。

因此，许多抖音短视频运营者使用该网络用语打造了文案内容，用以表现出镜人物的"霸气"，如图1-22所示。

图1-22　使用网络用语的短视频

事实上，短视频文案中的语言最主要的特点就是真实和接地气，使用网络用语也是为了贴近目标人群的用语习惯，抓住用户的爱好和需求。

1.4.4　内容短小精悍

随着互联网和移动互联网的快速发展，碎片化的阅读方式已经逐渐成为主流，大部分用户看到较长的短视频时可能会产生抵触心理。即使有的用户愿意观看较长的短视频内容，也很难坚持看完。

从制作成本的角度来看，较长的短视频拍摄的时间可能会长一些，需要进行的后期处理通常也会更多一些，如果短视频的反响效果不好，那就是"赔了夫人又折兵"了。

因此，短视频制作的关键在于"小而精美"。这就要求短视频文案应该具备短小精悍的特点。只有这样，用户才能很快了解短视频的大致内容，从而获取其想要传达的重点信息。

小而精美，并不是说短视频文案只能短不能长，而是要尽可能地做到表达言简意赅、重点突出，让用户看完你的文案之后，能够快速了解短视频所要传达的重要信息。

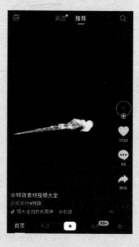

/第/2/章/

市场调研：有理有据，明确创作方向

📖 学前提示

　　要想写好短视频文案，就一定要掌握做好定位和市场调研的方法及技巧。只有准确地了解了平台、内容和用户之后，才能更好地把握写作方向。

　　本章主要讲述了做好定位和市场调研的方法，学完之后会让你的文案创作变得有理有据，方向更加明确。

📖 要点展示

　　⊙　做好定位，确定短视频的目标群体

　　⊙　通过市场调研，找到短视频文案的突破口

做好定位，确定短视频的目标群体

在进行短视频文案创作时，创作者需要通过必要的定位，确定短视频的目标群体。具体来说，短视频文案创作需做好3个方面的定位，如图2-1所示。这一节笔者将对具体内容进行解读。

图 2-1　短视频文案创作的定位

2.1.1　账号定位，确定基调促进发展

在短视频账号运营中，首先应该确定的是运营账号的类型，以此来决定账号的定位。账号的分类主要包括学术型、搞笑型、创意型、媒体型和服务型这5种类型。

在选择运营账号时，运营者要根据自身优势和账号的特点，做好账号定位，具体分析如图2-2所示。

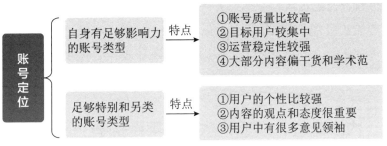

图 2-2　账号定位

值得注意的是，做好账号定位是非常重要的，要慎重对待。因为只有做好了账号的定位，确定了基调，才能做好下一步的用户运营和内容运营策略，促进账号更好地发展。

2.1.2 用户定位，了解针对人群的特性

在短视频账号的运营过程中，明确目标用户是其中至为重要的一环。而在进行账号的用户定位之前，首先要做的是了解短视频平台具体针对的是哪些人群，他们具有什么特性等问题。关于用户的特性，一般可细分为两类，如图2-3所示。

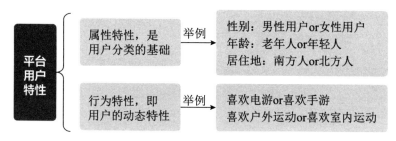

图2-3 平台用户特性分类分析

了解了用户特性之后，就要进行用户定位。用户定位一般包括3个步骤，具体内容如下。

- 数据收集。可以通过市场调研的多种方法来收集和整理平台用户数据，再把这些数据与用户属性关联起来，绘制成相关图谱，更好地了解用户的基本属性特征。
- 用户标签。获取了用户的基本数据和基本属性特征后，就可以对其属性和行为进行简单分类，并进一步对用户进行标注，确定用户的可能购买欲和可能活跃度等，以便描绘用户画像。
- 用户画像。利用上述内容中的用户属性标注，从中抽取典型特征，完成用户的虚拟画像，构成平台用户的各类用户角色，以便进行用户细分。

2.1.3 内容定位，展现特色发挥平台优势

所谓"内容定位"，即通过短视频平台为用户提供什么样的内容。在账

号运营中，关于内容的定位主要应该做好 3 个方面的工作，具体如下。

1. 找准发展方向

找准内容的发展方向是账号内容供应链的初始时期的工作。在该阶段，短视频运营者需要构建好内容的整体框架，具体分析如图 2-4 所示。

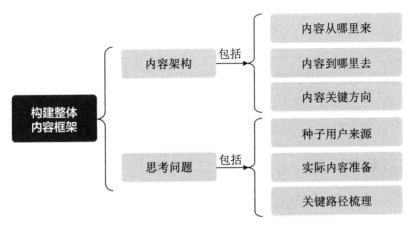

图 2-4　明确内容发展方向的具体分析

2. 通晓展示和整合方式

在做内容定位的过程中，短视频运营者还应该通晓运营阶段的内容展示方式。在打造的优质内容的支撑下，怎样更好地展示账号内容，逐步建立品牌效应，是实现平台影响力扩大的重要条件。平台内容的展示方式一般分为 4 种，如图 2-5 所示。

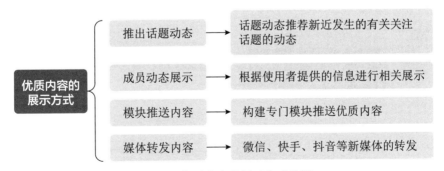

图 2-5　优质内容的展示方式分析

在内容展示过后，更重要的是明确内容的整合方式，具体分析如图 2-6 所示。

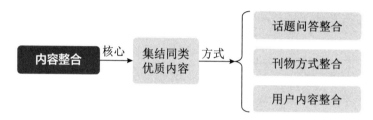

图 2-6　明确平台内容的整合方式

3. 确定互动方式

除了应做好初始阶段和运营阶段的内容定位，短视频运营者还应该确定宣传阶段的内容定位，即怎样进行平台内容互动。

企业与用户进行交流互动，更有利于新媒体平台内容的传播，也更能让用户接受，而用户对平台的信任度和支持度也将加深。在确定内容的互动方式的过程中，需要把握几个关键点，如图 2-7 所示。

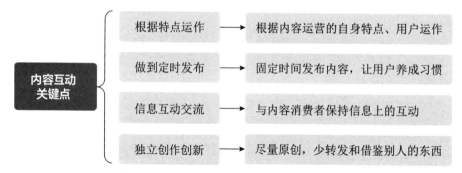

图 2-7　把握账号内容互动方式的关键点分析

2.2　通过市场调研，找到短视频文案的切入点

常言道："没有调查就没有发言权"，调研的重要性不言而喻。文案创作者可以通过市场调研，找到短视频文案的切入点。市场调研是保证文案编辑方向正确和内容精准的前提，只有经过调研，才能预测在短视频平台中推送的文案是否能准确地传达到需要的用户群中，并最终达到预期的目的。

2.2.1　市场调研，适应市场的发展变化

市场调研之所以有必要，是因为市场基于两个方面的客观原因而总是处于瞬息万变的状态之下，如图 2-8 所示。

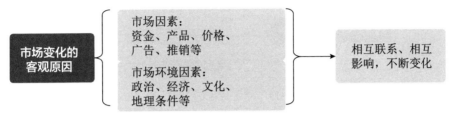

图 2-8　市场变化的客观原因

正是因为市场瞬息万变，所以关于其情况的调研是任何处于市场这一环境中的活动所必需的。在智能手机应用普遍的社会环境下，与企业产品或品牌有着紧密联系的短视频平台文案的内容构建和效果实现，也必须适应市场的变化，并进行积极且广泛的市场调研，只有这样才能获得最佳的营销推广效果。

综上所述，所谓"市场调研"，即为了达到营销目的而进行的对营销信息的分析、甄别工作。关于市场调研的含义，具体分析如图 2-9 所示。

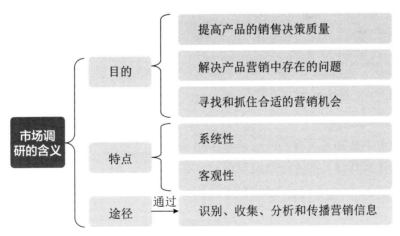

图 2-9　市场调研的含义分析

2.2.2　问卷调查，问题由浅入深循序渐进

所谓"问卷调查"，即调查人员把要调查的内容做成问卷形式而进行的

调查方法，这是一种比较实用且常见的调查方法。通过这种方法进行调查，可以基于被调查者的问卷答案收集市场资料。这种调查方法有 3 个方面的优势，如图 2-10 所示。

图 2-10　问卷调查方法的优势

尽管采用问卷调查的方法具有诸多优势，但在具体实施过程中，还应该注意几个方面的问题，具体内容如图 2-11 所示。

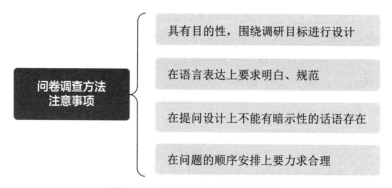

图 2-11　问卷调查方法注意事项

其中，在问题的顺序安排上要力求合理，实质上是要求调查的问题由浅入深，具体表现如下。

- 从一般性问题到特殊性问题。
- 从接触性、过渡性问题到实质性问题。
- 从简单的问题到具有一定难度的问题。

2.2.3　重要作用，助力企业品牌推广

市场调研作为市场预测和经营决策过程中重要的组成部分，一直有着举足轻重的作用。它是运营者进行营销策划的基础，对企业产品和品牌的推广有着非常重要的作用。

在此，市场调研所具有的重要作用可从广义和狭义两个方面进行分析，如图 2-12 所示。

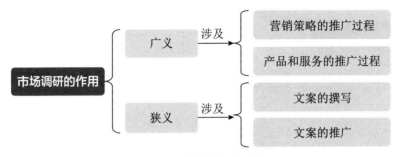

图 2-12　市场调研的作用

由图 2-12 可知，从广义上来说，市场调研所得出的结果作为参考标准贯穿整个营销策略乃至产品和服务的推广过程；从狭义上来说，市场调研在文案营销中的作用直接体现在文案的撰写和推广过程中。

而就其狭义的作用而言，又主要表现在 3 个方面，具体如下。

1. 参考依据

这主要是就文案策划过程而言的。市场调研作为文案营销过程的开端阶段，能够为接下来的文案策划提供科学的依据和富有价值的参考信息，具体分析如图 2-13 所示。

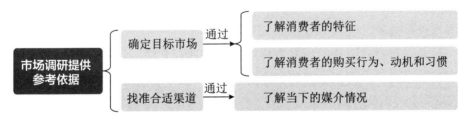

图 2-13　市场调研为文案策划提供参考依据

2. 评估标准

这主要是就文案的效果测定而言的。实现文案营销效果是撰写和推广文案的最终目的，也是企业、商家和平台运营者最关心的问题。

文案效果的考查主要表现在两个阶段，即文案发布之前的效果预测阶段和发布结束后的效果检验阶段。这两个阶段的市场调研结果是评估其效果的标准，具体分析如图 2-14 所示。

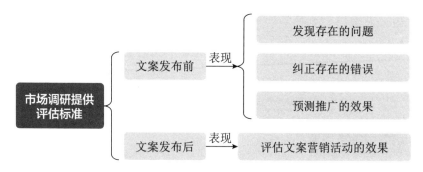

图 2-14　市场调研为文案发布提供评估标准

3. 素材库

这主要是基于文案的创作过程而言的。文案创作是建立在大量的素材基础之上的，只有提供丰富的生活素材，文案创作者才能更快地找到灵感，创作出更加具有创意的文案作品。

生活素材的获得是深入社会和实践的结果。市场调研的广泛性、系统性和客观性决定了其所获得的数据信息是最好的生活素材，能够为文案创作者提供创意来源。

2.2.4　典型调查，选择特征鲜明的对象

所谓"典型调查"，即以典型对象为调查目标，然后以得出的结果为基础，推算出一般结果。

这是一种在对象选择上具有鲜明特征的调查方法，是基于一定目的和标准而特意选择的，因而在调查结果上能够突出显示其调查的作用，如图 2-15 所示。

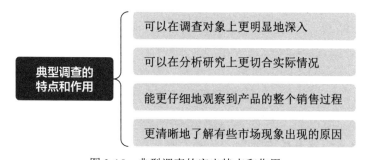

图 2-15　典型调查的突出特点和作用

典型调查有一个需要特别注意的问题，那就是需要重点把握好调查对象的典型程度。典型程度把握得越好，调查结果就越符合现实，其所产生的误差也就越小。典型调查方法具有极大的优势，具体如图2-16所示。

图2-16　典型调查的优势

2.2.5　抽样调查，省时省力误差较小

抽样调查，就是在整个样本中抽取一部分样本进行调查，然后通过推算得出结果。这一市场调研方法又可分为随机抽样调查和非随机抽样调查，具体内容如下。

1. 随机抽样调查

这一调查方法也称为概率抽样调查，是在整个样本中随机抽取一部分样本而进行的调查，具体介绍如图2-17所示。

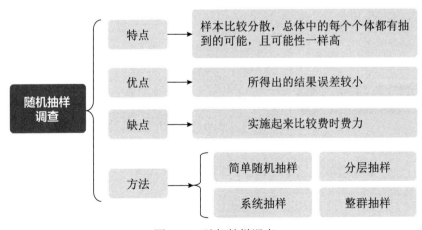

图2-17　随机抽样调查

2. 非随机抽样调查

这一调查方法不遵循随机原则，是指在总体样本中按照调查人员的主观

感受或其他条件抽取部分样本而进行的调查，具体介绍如图 2-18 所示。

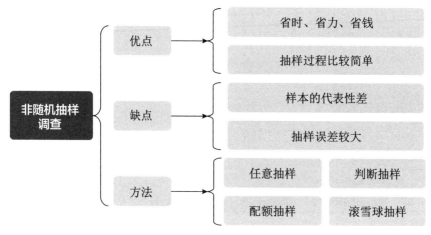

图 2-18　非随机抽样调查

2.2.6　全面调查，广泛撒网精准捕捞

"全面调查"与其他方法的不同之处在于"全面"二字，其要求的是全面性的普查式调查，其调查结果最突出的特点是全面而精准。

因此，对于市场营销而言，全面调查的对象是产品的所有目标消费者。它主要分为两种类型，如图 2-19 所示。

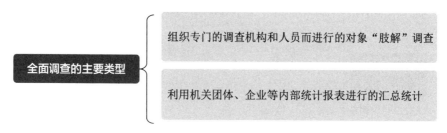

图 2-19　全面调查的主要类型

2.2.7　访问调查，三种询问方式收集资料

访问调查就是通过对被调查者进行直接询问来收集资料的方法，具体调查方法的类型如图 2-20 所示。

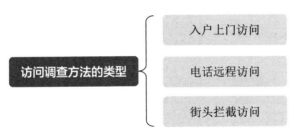

图 2-20　访问调查方法的类型

这三种访问调查方法的特点分别如下。

1. 入户上门访问在资料收集的真实性和全面性方面较有保证，且这种收集还有详细的记录可供查询。

2. 就进行过程的简便性而言，电话远程访问有着明显的优势，但这种访问调查方法由于持续的时间短，是无法实现深入询问和调查的，只能在常规性问题上对调查结果有所帮助。

3. 街头拦截访问，一般来说，不适合用于文案营销，且这种方法在实际操作过程中被拒绝的概率比较大，比较难以获取资料。

2.2.8　文献调查，有两种方式获取资料

随着互联网和移动互联网技术的发展，在文案营销中使用文献调查的方法越来越方便，特别是随着大数据技术的飞速发展，企业很容易就能获取大量企业、消费者的资料和信息，这种调查方法的应用也就变得愈加普遍。

文献资料的来源主要包括两种，即企业内部资料和其他外部资料。企业内部资料，即企业自身所具有的消费者资料、以往的营销记录等；其他外部资料，即咨询公司、市场调查资料公司、网络等提供的资料和出版物上的资料，以及社会团体和组织提供的各种资料等。

/第/3/章/

营销推广：广泛传播，实现"赢销"

📖 学前提示

对于运营者来说，打造短视频文案固然很重要，将打造出来的短视频文案进行营销推广同样也是非常重要的。

那么，如何通过短视频文案的广泛传播，将营销变为"赢销"呢？这一章，笔者就来为大家提供一些具体的方案。

📖 要点展示

- ◉ 利用多个平台进行文案推广
- ◉ 在短视频平台内进行文案推广
- ◉ 通过营销实现文案"赢销"

利用多个平台进行文案推广

　　一个短视频文案制作出来之后，可以通过在多个平台进行推广来提高营销的效果。适合进行短视频文案推广的平台有很多，这一节笔者选取了其中的 8 个进行重点说明。

3.1.1　在微信平台推广

　　在微信平台推广主要可以从两个方面进行，一是公众号推广，二是朋友圈推广。下面，笔者就来分别进行说明。

1. 公众号推广

　　微信公众号，从某一角度来说，就是个人、企业等主体进行信息发布并通过运营来提升知名度和品牌形象的平台。短视频运营者如果要选择一个用户基数大的平台来推广短视频文案，且期待通过长期的内容积累构建自己的品牌，那么微信公众号是一个理想的传播平台。

　　在微信公众号上，短视频运营者如果想要借助短视频文案进行推广，可以采用多种方式来实现。其中，使用最多的有两种，即"标题＋短视频"形式和"标题＋文本＋短视频"形式。图 3-1 所示为在微信公众号推广短视频文案的案例。

　　不管采用哪种形式，都能清楚地说明短视频文案内容和主题思想。在借助短视频文案进行推广时，也并不局限于某一个短视频文案的推广形式，如果短视频运营者打造的是有着相同主题的短视频系列文案，还可以把短视频组合起来进行联合推广，这样更有助于受众了解短视频及其推广主题。

图 3-1　在微信公众号推广短视频文案

2. 朋友圈推广

对于短视频运营者来说，虽然朋友圈这一平台一次传播的范围较小，但是从对接收者的影响程度来说，却具有其他一些平台无法比拟的优势，具体如下。

（1）用户黏性强，很多人每天都会去翻阅朋友圈。

（2）朋友圈好友间的关联性、互动性强，可信度高。

（3）朋友圈用户多，覆盖面广，二次传播范围大。

（4）朋友圈内转发和分享方便，易于短视频内容传播。

那么在朋友圈中进行短视频文案推广，短视频运营者该注意什么呢？在笔者看来，有 3 个方面是需要重点关注的，具体分析如下。

（1）在拍摄视频时，要注意开始拍摄时画面的美观性。因为推送到朋友圈的短视频，是不能自主设置封面的，它显示的就是开始拍摄时的画面。当然，短视频运营者也可以通过视频剪辑来保证所推短视频"封面"的美观度。

（2）在做短视频文案推广时要做好文字描述。因为一般来说，呈现在朋友圈中的短视频，好友第一眼看到的就是其"封面"，没有太多信息能让受众了解其内容。因此，要把重要的信息以文字的形式展示出来，如图 3-2 所示。这样的设置，有助于受众了解短视频内容，吸引受众点击播放短视频。

（3）利用短视频文案推广商品时，要利用好朋友圈的评论功能。朋友圈中的文本如果字数太多，是会被折叠起来的，为了完整展示信息，短视频运营者可以将重要信息放在评论里进行展示，如图 3-3 所示。

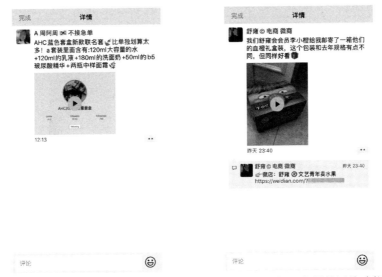

图 3-2　用文字做好重要信息的展示　　图 3-3　利用好朋友圈的评论功能

3.1.2　在QQ平台推广

腾讯 QQ 有两大推广短视频文案的利器：一是 QQ 群；二是 QQ 空间。接下来，笔者就来分别进行说明。

1.QQ群推广

无论是微信群，还是 QQ 群，如果没有设置"消息免打扰"，那么群内任何人发布信息，其他人都会收到提示信息。因此，与朋友圈和微信订阅号不同，通过微信群和 QQ 群推广短视频文案，可以让推广信息直达受众，受众关注和播放的可能性也就更大。而且微信群和 QQ 群内的用户都是基于一定目标、兴趣而聚集在一起的，因此，如果短视频运营者推广的是专业类的内容，那么可以选择这类平台。

另外，相比微信群需要推荐才能加群，QQ 群明显更易于添加和推广。目前，QQ 群有许多热门分类，短视频运营者可以查找同类群，加入进去，然后再利用其推广短视频文案。利用 QQ 群推广短视频文案的方法主要包括 QQ 群相册、QQ 群公告、QQ 群论坛、QQ 群共享、QQ 群动态和 QQ 群话题等。

短视频运营者可以利用相应的人群感兴趣的话题来吸引 QQ 群用户的注意力。如在摄影群里，运营者可以首先提出一个摄影人士普遍感觉比较有难度的摄影场景，引导大家评论，然后再适时分享一个能解决这一摄影问题的短视频文案。这样的话，有兴趣的一定不会错过。

2. QQ空间推广

QQ空间是短视频运营者可以充分利用起来，推广短视频文案的一个好地方。当然，运营者首先应该建立一个昵称与短视频运营账号相同的QQ号，这样才更有利于积攒人气，吸引更多人前来关注和观看。下面就为大家具体介绍7种常见的QQ空间推广短视频文案的方法，具体如图3-4所示。

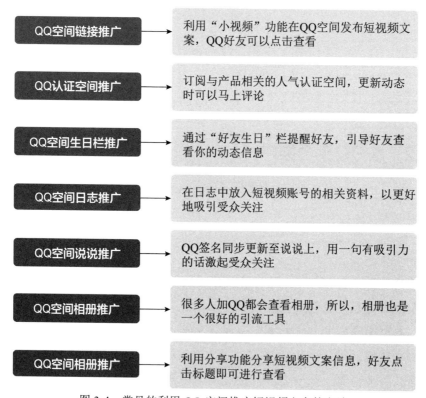

图3-4 常见的利用QQ空间推广短视频文案的方法

3.1.3 在微博平台推广

在微博平台上，运营者进行短视频文案推广，主要依靠两大功能来实现其推广目标，即"@"功能和热门话题。

首先，在微博上推广短视频文案的过程中，"@"这个功能非常重要。

在博文里可以"@"明星、媒体、企业，如果媒体或名人回复了你的内容，你就能借助他们的粉丝扩大自身的影响力。若明星在博文下方评论，你则会受到很多粉丝及微博用户关注，那么短视频文案就会被快速推广出去。

图 3-5 所示为"李宁官方微博"通过"@"某明星来进行短视频文案推广以及吸引用户关注的案例。

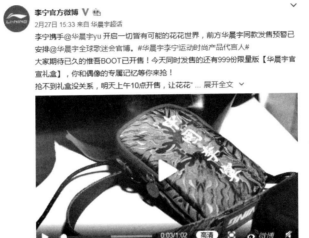

图 3-5　"李宁官方微博"通过 @ 吸引用户关注

其次，微博"热门话题"是一个显示热点信息的地方，也是网民聚集的地方。短视频运营者可以利用好这些话题，推广自己的短视频文案，发表自己的看法和感想，从而提高短视频的点击量。

3.1.4　今日头条平台推广

今日头条是一款基于用户数据行为的推荐引擎产品，同时也是短视频内容发布和变现的一个大好平台。虽然今日头条在短视频领域布局了 3 款独立产品（西瓜视频、抖音短视频、火山小视频），但同时也在自身 App 中推出了短视频功能。

短视频运营者可以通过在今日头条平台中发布短视频的方式，进行短视频文案的推广，下面介绍具体的操作方法。

步骤 01 登录今日头条 App，❶点击右上角的"发布"按钮；❷在弹出的对话框中点击"发视频"按钮，如图 3-6 所示。

步骤 02 执行操作后，进入视频选择界面，如图 3-7 所示。❶选择需要发布的短视频；❷点击"下一步"按钮。

图 3-6　点击"发布"按钮　　　图 3-7　视频选择界面

步骤 03 执行操作后，进入"编辑信息"界面，如图 3-8 所示。在界面中编辑相关信息，编辑完成后，点击下方的"发布"按钮。

步骤 04 执行操作后，短视频运营者发布的短视频文案就会出现在"关注"界面中，如图 3-9 所示。

图 3-8　"编辑信息"界面　　　图 3-9　短视频文案发布成功

3.1.5　在视频平台推广

相比文字、图片而言，视频在表达上更为直观、丰满，而随着移动互联网技术的发展，手机流量等因素的阻碍越来越少，视频成为时下最热门的领域，借助这股东风，爱奇艺、优酷、腾讯视频、搜狐视频等视频网站获得了飞速发展。

随着各种视频平台的兴起与发展，视频营销也随之兴起，并成为广大企业进行网络社交营销常采用的一种方法。短视频运营者可以借助视频营销，近距离接触自己的目标群体，将这些目标群体发展为自己的客户。

视频背后庞大的观看群体，对网络营销而言就是潜在用户群，而如何将这些视频平台的用户转化为店铺或品牌的粉丝，是视频营销的关键。对于短视频运营者来说，最简单、有效的视频营销方式便是在视频网站上传与品牌、产品相关的短视频文案。

下面，就以爱奇艺为例进行说明。爱奇艺是一个以"悦享品质"为理念、创立于 2010 年的视频网站。在短视频发展如火如荼之际，爱奇艺也推出了信息流短视频产品和短视频业务，加入了短视频发展领域。

一方面，在爱奇艺 App 的众多频道中，有些频道就是以短视频为主导的，如大家喜欢的资讯、热点和搞笑视频等。另一方面，它专门推出了爱奇艺纳逗 App，这是一款基于个性化推荐的、以打造有趣和好玩资讯为主的短视频应用。

短视频在社交属性、娱乐属性和资讯属性等方面各有优势，爱奇艺从中选择了它的发展方向——娱乐性。无论是爱奇艺 App 的搞笑、热点频道，还是爱奇艺纳逗 App 中推荐的以好玩、有趣为主格调的短视频内容，都能充分地体现出这一点。

而对于短视频运营者来说，爱奇艺在某些频道上的短视频业务偏向于短视频 App 开发，也为短视频文案的推广提供了平台和渠道。同时，爱奇艺作为互联网巨头"BAT"旗下三大视频网站之一，有着巨大的用户群体和关注度，如果以它为平台进行短视频文案推广，通常可以获得不错的效果。

图 3-10 为某抖音运营者在爱奇艺上发布的一个短视频文案的截图，其标题中有运营者的个人抖音号，随着该短视频在爱奇艺平台的传播，其运营者的抖音号也将持续获得流量。

图 3-10 爱奇艺上发布的一个短视频文案

3.1.6 通过线下平台推广

除了线上的各大平台，线下平台也是短视频文案推广不可忽略的渠道。目前，从线下平台推广短视频文案主要有 3 种方式，这一节笔者将分别进行解读。

1. 线下拍摄推广

对于拥有实体店的短视频运营者来说，线下拍摄是一种比较简单有效的短视频文案推广方式。通常来说，线下拍摄可分为两种：一种是短视频运营者及相关人员自我拍摄；另一种是邀请路人共同参与拍摄。

短视频运营者及相关人员自己拍摄短视频时，能够引发路过人员的好奇心，甚至可以让路人主动了解短视频文案信息。而短视频上传之后，如果用户对你的文案内容比较感兴趣，也会查看短视频内容，甚至主动帮忙推广短视频文案。

而邀请路人共同拍摄，则可以直接增加短视频文案的"宣传员"，让更多人主动进行短视频文案的宣传和推广。

2. 线下转发推广

可能单纯邀请路人拍摄短视频的推广效果不是很明显，此时，短视频运营者就可以采取另一种策略。那就是在线下开展转发有奖的活动，让路人将短视频文案转发至微信群、QQ群和朋友圈等社交平台，以提高短视频文案的传播范围。

当然，为了提高消费者转发的积极性，短视频运营者还可以根据转发的次数、转发后的点赞数等给出不同的奖励。这样，路人为了获得更好的奖励，自然会更卖力地进行转发，而转发的实际效果也会更好。

3. 线下扫码推广

除了线下拍摄和线下转发之外，还有一种短视频文案的推广方法，那就是通过线下扫码，让路人直接关注你的短视频账号并查看短视频文案内容。

当然，在扫码之前，还得有码可扫。以抖音为例，短视频运营者可以进入"我"界面，❶点击▤按钮，弹出列表框；❷在列表框中，选择"个人名片"选项，如图3-11所示。操作完成后，进入"我的名片"界面，短视频运营者只需点击界面中的"保存到相册"按钮，便可下载抖音二维码，如图3-12所示。

图3-11 选择"个人名片"选项　　　图3-12 点击"保存到相册"按钮

抖音二维码下载完成之后，短视频运营者可以将其打印出来，通过发传单或者将抖音二维码放置在线下某些显眼位置的方式，让抖音用户扫码加好友并查看对应的短视频文案。

3.2 在短视频平台内进行文案推广

除了微信、QQ、微博等平台之外，各短视频平台也提供了许多短视频文案推广的渠道。这一节笔者就选取其中的 5 种站内推广渠道进行简单的说明。

3.2.1 广告推广

广告推广是指在短视频文案中直接进行产品或品牌的展示。例如，"华为终端"便借助短视频广告对短视频文案进行了推广，如图 3-13 所示。

图 3-13　借助短视频广告推广短视频文案

3.2.2 SEO推广

SEO（Search Engine Optimization，搜索引擎优化），它是指通过对内容进行优化以获得更多流量，从而实现自身的营销目标。所以，说起 SEO，许多人首先想到的可能就是搜索引擎的优化，如百度平台的 SEO。

其实，SEO 不是搜索引擎独有的运营策略。短视频平台同样可以进行SEO。比如，我们可以通过 SEO 对短视频文案进行推广，让相关内容获得更快速、更广泛的传播。

利用 SEO 短视频文案的关键就在于短视频关键词的选择。而短视频关键词的选择又可细分为两个方面，即短视频关键词的确定和使用。

1. 短视频关键词的确定

用好关键词的第一步就是确定合适的关键词。通常来说，关键词的确定主要有以下两种方法。

（1）根据内容确定关键词

什么是合适的关键词？笔者认为，它首先应该与短视频账号的定位以及短视频内容相关。否则，用户即便看到了短视频，也会因为内容与关键词不对应而直接滑过。这样一来，选取的关键词也就没有什么意义了。

（2）通过预测选择关键词

除了根据内容确定关键词之外，还需要学会预测关键词。短视频用户在搜索时所用的关键词可能会呈现阶段性的变化。具体来说，许多关键词都会随着时间的变化而具有不稳定的升降趋势。因此，运营者在选取短视频文案关键词之前，需要先预测用户搜索的关键词。下面笔者从两个方面分析介绍如何预测关键词。

社会热点新闻是人们关注的重点，当社会热点新闻出现后，会出现一大批新的关键词，搜索量高的关键词就叫社会热点关键词。

因此，短视频运营者不仅要关注社会新闻，还要会预测社会热点，抢占最有利的时间预测出社会热点关键词，并将其用于短视频文案中。下面，笔者介绍一些预测社会热点关键词的方向，如图 3-14 所示。

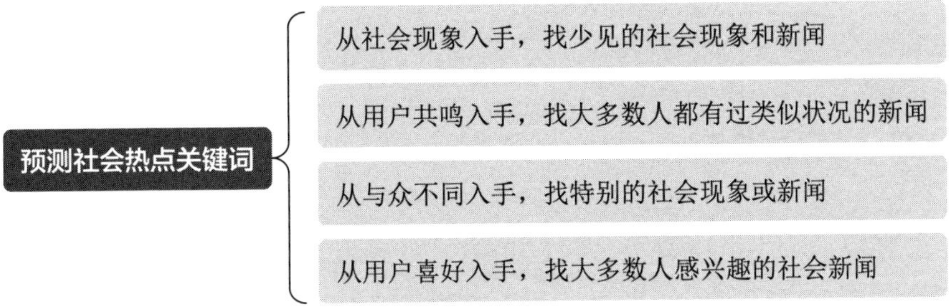

预测社会热点关键词
- 从社会现象入手，找少见的社会现象和新闻
- 从用户共鸣入手，找大多数人都有过类似状况的新闻
- 从与众不同入手，找特别的社会现象或新闻
- 从用户喜好入手，找大多数人感兴趣的社会新闻

图 3-14　预测社会热点关键词

除此之外，即便搜索同一类物品，短视频用户在不同时间段选取的关键词仍有可能会有一定的差异性。也就是说，短视频用户在搜索关键词时可能

会呈现出一定的季节性。因此，短视频运营者需要根据季节，预测短视频用户搜索时可能会选取的关键词。

值得一提的是，关键词的季节性波动比较稳定，这主要体现在季节和节日两个方面，如用户在搜索服装类内容时，可能会直接搜索包含四季名称的关键词，如春装、夏装等；节日关键词会包含节日名称，如春节服装、圣诞装等。

预测季节性的关键词还是比较容易的，抖音运营者除了可以从季节和节日名称上进行预测，还可以从以下方面进行预测，如图3-15所示。

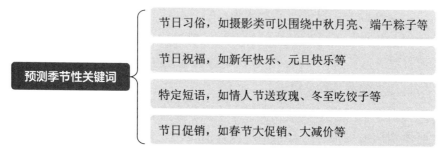

图3-15　预测季节性关键词

2. 短视频关键词的使用

在添加关键词之前，短视频运营者可以先查看朋友圈动态、微博热点等，抓取近期的高频词汇，将其作为关键词嵌入短视频文案中。

需要特别说明的是，短视频运营者在抓取近期出现频率较高的关键词后，还需了解关键词的来源，只有这样才能让关键词用得恰当。

除了选择高频词汇，短视频运营者还可以通过在抖音号介绍信息和在短视频文案中增加关键词使用频率的方式，让内容尽可能地与自身业务直接联系起来，从而给短视频用户一种专业的感觉。

3.2.3　转发推广

许多短视频平台中有分享转发功能，短视频运营者可以借助该功能，将短视频文案分享至对应的平台，从而达到推广的目的。那么如何借助分享转发功能推广短视频文案呢？接下来，笔者就以抖音平台为例，对具体的操作步骤进行说明。

步骤01 登录抖音短视频 App，进入需要转发的短视频的播放界面，点击■■■按钮，如图 3-16 所示。弹出"私信给"面板框，如图 3-17 所示。

步骤 02 在"私信给"面板框中，选择转发分享的平台。下面，以转发给微信好友为例进行说明。点击列表框中的"微信好友"按钮，如图 3-17 所示。

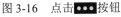

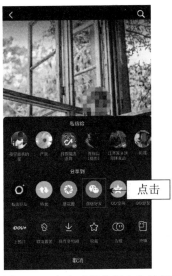

图 3-16　点击 ●●● 按钮　　　　　图 3-17　点击"微信好友"按钮

步骤 03 播放界面中将显示短视频"正在保存到本地"，如图 3-18 所示。

步骤 04 短视频保存完毕后，将弹出"已保存至相册"对话框，点击对话框中的"继续分享到微信"按钮，如图 3-19 所示。

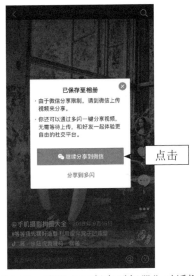

图 3-18　显示短视频"正在保存到本地"　　图 3-19　弹出"已保存至相册"对话框

步骤 05 进入微信 App，选择需要转发短视频的对象，如图 3-20 所示。

步骤 06 进入微信聊天界面，❶点击⊕按钮，❷在弹出的面板中选择"照片"选项，如图 3-21 所示。

图 3-20　选择需要转发短视频的对象

图 3-21　选择"照片"选项

步骤 07 进入"最近项目"界面，❶选择需要转发的抖音短视频；❷点击"发送"按钮，如图 3-22 所示。

步骤 08 操作完成后，如果微信聊天界面中显示转发的抖音短视频，就说明短视频转发成功了，如图 3-23 所示。

图 3-22　"最近项目"界面

图 3-23　显示转发的抖音短视频

抖音短视频转发完成后，微信好友只需点击微信聊天界面中的短视频，便可以在线播放，了解短视频内容。而且在微信中播放他人分享的抖音短视频时，画面中会显示发布该短视频的抖音号。微信好友如果对分享的短视频感兴趣，想获取更多短视频，还可以搜索抖音号查看其他短视频，这便对抖音短视频账号及其发布的短视频起到了很好的推广作用。

3.2.4 矩阵推广

矩阵推广就是通过多个账号的运营进行短视频文案的营销推广，以增强营销的效果，获取稳定的流量。矩阵可分为两种：一种是个人抖音矩阵，即某个短视频运营者同时运营多个账号，组成营销矩阵；另一种是多个具有联系的短视频运营者运营一个矩阵，进行营销推广。

例如，一位抖音短视频运营者便是通过多个抖音账号来打造个人矩阵的。该运营者会通过不同的抖音号将相似的短视频文案进行发布，让相关短视频文案内容可以被更多短视频用户看到。

图 3-24 所示为该运营者在两个抖音号中发布的抖音短视频文案。这两个文案中，都是在展示"即兴演讲的万能公式"，除了短视频的画面之外，它们在其他内容上都是相同的。很显然这就是通过个人矩阵的打造，来推广短视频文案。

图 3-24 通过个人矩阵推广短视频文案

3.2.5 互推推广

互推就是互相推广的意思。大多数短视频账号在运营的过程中，都会获得一些粉丝，只是许多短视频账号的粉丝量可能并不是很多。此时，短视频运营者便可以通过与其他短视频账号进行互推，让更多用户看到你的短视频文案，从而提高文案的传播范围和传播效果。

在短视频平台中，互推的方法有很多，其中比较直接有效的一种就是在短视频文案中互相 @，让用户看到相关短视频之后，就能看到互推的账号。

例如，在抖音短视频平台有一位短视频运营者专注于接受各种挑战。因此，许多抖音短视频运营者都会在文案中 @ 这位短视频运营者，让其接受自己的挑战。

图 3-25 所示的一条短视频文案，从中我们可以看到一位运营者便是通过 @ 功能来让另一位运营者参与挑战的。而其中一方挑战成功之后，也在发布的短视频文案中 @ 了对方。这两位短视频运营者互推，使相关的短视频文案受到了更多用户的关注。

图 3-25　互推推广

3.3 通过营销实现文案"赢销"

短视频文案营销需要借助合适的营销方式来实现，只要短视频运营者在营销的过程中掌握并运用好了营销方式，那么营销就会变为"赢销"。

3.3.1 活动营销

活动营销是营销方式的一种，它通过资源整合、策划相关的活动等方式，达到卖出产品、提升企业和店铺形象的目的。营销活动的推出，可以提高客户对店铺和品牌的依赖度，从而更好地培养出核心用户。

活动营销是商家最常采用的营销方式之一，常见的活动营销方法包括抽奖营销、签到营销、红包营销、打折营销和团购营销等。许多店铺通常会采取"秒杀""清仓""抢购"等方式，以相对优惠的价格吸引用户购买产品，从而提高店铺的流量。

图 3-26 所示为某产品的短视频销售文案，从中可看出该产品就是通过举办优惠活动来进行销售的。这便是典型的活动营销。

¥2899~3799 大促价 淘金币抵3%
价格 ¥3029.29-3938.38
该商品最高可享12期分期免息

图 3-26 某产品的活动营销

活动营销的重点往往不在于活动形式,而在于活动的具体内容。也就是说,活动营销需要选取用户感兴趣的内容，否则，可能难以达到预期的效果。

为此，短视频运营者需要以活动为外衣，把用户需求作为内容来进行填充。比如，当用户因产品价格较高而不愿下单时，运营者可以通过发放满减优惠券的方式，适度让利，以达到薄利多销的效果。

3.3.2　饥饿营销

饥饿营销是一种常见的营销方式，但是，要想通过饥饿营销吸引潜在消费者，那么产品首先要有一定的真实价值，并且品牌在大众心目中要有一定的影响力，否则，目标用户可能并不会买账。饥饿营销实际上就是通过降低产品供应量，造成供不应求的假象，从而形成品牌效应、快速销售产品。

饥饿营销运用得当则会产生明显的效果，而且对店铺的长期发展也十分有利。图 3-27 为某产品的饥饿营销短视频文案，其便是通过极低的价格销售数量较为有限的产品的方式，使有需求的消费者愿意抢购。

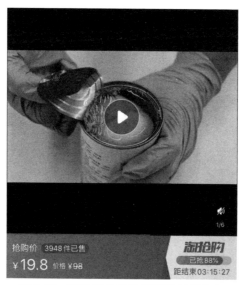

图 3-27　某产品的饥饿营销短视频文案

对于短视频运营者来说，饥饿营销主要可以起到两个作用：一是获取流量，制造短期热度。比如，在此次抢购活动中，因为短视频文案中的商品价格较低，所以大量消费者进入该产品的购买页面。二是提高认知度，随着此次抢购活动的开展，许多消费者在一段时间内加深了对该品牌的印象。

3.3.3 事件营销

事件营销就是借助具有价值的新闻、事件，结合产品的特点对产品进行宣传推广、销售的一种营销方式。运用事件营销引爆产品的关键就在于结合热点和时事。

以"垃圾分类"为例，这个热门话题出现后，一大批明星名人也迅速加入话题讨论，使其成为网络一大热点。许多厂家和店铺看到该事件之后，推出了垃圾分类游戏道具，并打造了专门的短视频营销文案，如图 3-28 所示。

图 3-28 垃圾分类游戏道具的短视频营销文案

该垃圾分类益智玩具推出之后，借助"垃圾分类"这个热点事件，再加上该产品在快手、抖音等平台的疯狂宣传，产品知名度大幅度提高，大量消费者进入店铺，产品成交量快速增加。

综上所述，事件营销对于打造爆品十分有利，但是，运用不当，也会产生一些负面影响。因此，在事件营销中需要注意几个问题，如事件营销要符合新闻法规规定、事件要与产品有关联、营销过程中要控制好风险等。

事件营销具有几大特性，分别为重要性、趣味性、接近性、针对性、主动性、保密性、可引导性等。这些特性决定了事件营销可以帮助产品变得火爆，从而成功达到提高产品销量的目的。

3.3.4　口碑营销

互联网时代，消费者很容易受到口碑的影响，当某一事物受到主流市场推崇时，大多数人都会趋之若鹜。对于短视频运营者来说，口碑营销主要是通过产品的口碑和好评带动流量，让更多消费者出于信任购买产品。

常见的口碑营销方式主要包括经验性口碑营销、继发性口碑营销和意识性口碑营销，接下来，笔者就来分别进行简要地解读。

1. 经验性口碑营销

经验性口碑营销主要是从消费者的使用经验入手，通过消费者的评论让其他用户认可产品，从而产生营销效果。

随着电商购物的发展，越来越多的人开始养成这样一个习惯，那就是在购买某件产品时一定要先查看他人对该物品的评价，以此对产品的口碑进行评估。而店铺中某件产品的总体评价较好时，产品便可凭借口碑获得不错的营销效果。

图 3-29 所示为某店铺中某商品的评论界面。在该界面中，绝大多数用户都给的好评，该产品的好评率达到了 99%。

图 3-29　某店铺中某商品的评论

运营者可以将该评价界面放到短视频文案中进行展示，当需要购买产品的用户看到这些评价时，可能会认为该产品总体评价比较好，于是将之加入购物清单。而这样一来，产品便借由口碑将营销变为了"赢销"。

2. 继发性口碑营销

继发性口碑的来源较为直接，就是消费者直接在短视频平台和电商平台上了解相关的信息，从而逐步形成口碑效应，这种口碑往往来源于短视频平台和电商平台上的相关活动。

以"京东"为例，该电商平台通过"京东秒杀""大牌闪购""品类秒杀"等活动，给予消费者一定的优惠。所以，"京东"便在消费者心目中形成了口碑。

3. 意识性口碑营销

意识性口碑营销，主要是借助名人效应进行产品口碑营销，而营销的效果也与名人的名气有着很大的关系。通常来说，名人的名气越高，营销的效果就越好。

相比于其他推广方式，请明星代言的优势就在于，明星的粉丝很容易"爱屋及乌"，在选择产品时，会将自己偶像代言的品牌作为首选，有的粉丝为了扩大偶像的影响力，甚至还会将明星的代言内容进行宣传。

口碑营销实际上就是借助从众心理，通过消费者的自主传播，吸引更多消费者购买产品。在此过程中，非常关键的一点就是打造消费者的好评。当新用户受从众心理的影响进入店铺之后，要想让其进行消费，还得先通过好评获得用户的信任。

3.3.5 借力营销

借力营销是指借助他人的优势资源，来实现自身目标的一种营销方法。比如，短视频运营者在产品的推广过程中遇到自身无法完成的工作时，可通过与擅长这方面工作的其他人合作来达成目标。在进行借力营销时，短视频运营者可以借力于3个方面的内容，具体如下。

（1）品牌的借力：借助其他知名品牌，快速提升品牌和店铺的知名度和影响力。

（2）用户的借力：借助其他平台中用户群体的力量，宣传店铺及其产品。

（3）渠道的借力：借助其他企业擅长的渠道和领域，节省资源、实现共赢。

图 3-30 所示为某快手运营者借力优酷视频进行短视频文案营销的相关画面。该快手运营者将短视频文案上传至优酷视频，从而借助该平台的力量，

增强了自己的短视频文案的宣传力度并扩大了影响范围。

图 3-30　借力优酷视频进行短视频文案营销

　　借力营销能获得怎样的效果，关键在于借力对象的影响力。所以，在采用借力营销策略时，短视频运营者应尽可能地选择影响力大且包含大量目标用户的平台，而不能抱着广撒网的想法瞎撞。

　　这主要有两个方面的原因。首先，短视频运营者的时间和精力是有限的，这种广撒网的方式对于大多数短视频运营者来说是不适用的。其次，盲目地借力，而不能将信息传递给目标消费者，结果很可能是花了大量时间和精力，却无法取得预期的效果。

3.3.6　品牌营销

　　品牌营销是指企业通过向消费者传递品牌价值来得到消费者的认可和肯定，以达到维持稳定销量、获得良好口碑的目的。通常来说，品牌营销需要企业倾注很多心血，因为打造品牌不是一件容易的事情。虽然市场上生产产品的企业和商家千千万万，但能被消费者记住和青睐的却只有那么几家。

　　因此，如果企业想要通过品牌营销的方式来引爆产品、树立口碑，就应该从一点一滴做起，日积月累。如此才能有名气和销量，赢得消费者的青睐和追捧。

品牌营销可以为产品打造一个深入人心的形象，然后让消费者对品牌下的产品趋之若鹜，成功打造爆品。品牌营销需要有相应的营销策略，如品牌个性、品牌传播、品牌销售和品牌管理，以便让品牌被消费者记住。

以丹麦的服装品牌ONLY为例，其品牌精神为前卫、个性十足、真实、自信等，很好地诠释了产品的风格所在。同时，ONLY利用自身的品牌优势在全球开设了多家店铺，获得了丰厚的利润，赢得了众多消费者的喜爱。ONLY的品牌营销是一步一步从无到有摸索出来的，它也是依靠自己的努力慢慢找到品牌营销的窍门，从而打造出受人欢迎的爆品。

短视频运营者在做品牌营销短视频文案时，要学会掌握品牌营销的优势，逐个击破。那么品牌营销的优势究竟有哪些呢？笔者将其总结为4点，具体如下。

（1）有利于满足消费者需求。

（2）有利于提升企业水平。

（3）有利于企业与其他对手竞争。

（4）有利于企业效率的提高。

标题提炼篇

标题撰写：简单精准，一句话就够了

📖 **学前提示**

许多用户在看短视频时，首先注意到的可能就是它的标题。因此，短视频的标题好不好，将对它的相关数据造成很大的影响。

那么如何更好地撰写短视频标题呢？笔者认为短视频标题应该简单精准，一句话将重点内容表达出来。

📖 **要点展示**

⊙ 短视频标题的撰写要点

⊙ 短视频标题要这样来写

⊙ 12 种短视频吸睛标题的类型

4.1 短视频标题的撰写要点

标题是短视频的重要组成部分，要做好短视频文案，就要重点关注短视频标题的撰写。撰写短视频标题必须掌握一定的技巧和写作标准，只有熟练掌握了标题的必备要素，才能更好、更快地撰写出引人注目的标题。

那么在撰写短视频标题时，应该重点关注哪些方面的内容呢？接下来，我们就一起来看一下标题撰写的要点。

4.1.1 不做标题党

标题是短视频内容的"窗户"，用户如果能从这扇窗户中看到短视频的大致内容，就说明标题是合格的。换句话说，就是标题要体现出短视频内容的主题。

虽然标题就是要起到吸引短视频用户的作用，但是如果用户被标题吸引，点击查看却发现内容主题和标题联系得不紧密，或是完全没有联系，那么用户对其的信任度就会降低，而短视频的点赞和转发量也将被拉低。

这就要求运营者在撰写短视频标题的时候，注意所写的标题与内容主题的联系，切勿"挂羊头卖狗肉"，做标题党。而应该尽可能地让标题与内容紧密关联，如图 4-1 所示。

图 4-1 紧密联系主题的标题

4.1.2　重点要突出

一个标题的好坏直接决定了短视频点击量、完播率的高低，所以，在撰写标题时，一定要重点突出，简洁明了，标题字数不要太长，最好是能够朗朗上口，这样才能让受众在短时间内就清楚地知道你想要表达的是什么，用户自然也就愿意点击查看短视频内容了。

标题用语要简短，突出重点，切忌过于复杂。标题越简单越明了，越方便用户阅读，也越容易让用户有比较舒适的视觉感受。图 4-2 所示的抖音短视频标题虽然只有短短几个字，但抖音用户却能从中看出短视频的主要内容，这样的标题就很好。

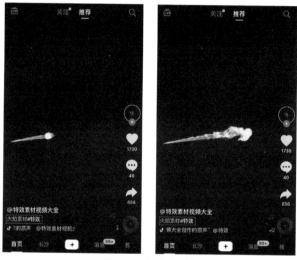

图 4-2　简短标题

4.1.3　善用吸睛词汇

标题是一个短视频的"眼睛"，在短视频中起着十分巨大的作用。标题展示着一个短视频的大意、主旨，甚至是对故事背景的诠释，所以，一个短视频的播放量、完播率的高低，与标题有着不可分割的联系。

短视频标题，要想吸引受众，就必须要有其点睛之处。给短视频标题"点睛"是有技巧的，在撰写标题的时候，短视频运营者可以加入一些能够吸引受众眼球的词汇，如"惊现""福利""秘诀""震惊"等。这些"点睛"词汇，能够让短视频用户产生好奇心，如图 4-3 所示。

图 4-3 利用"点睛"词汇的标题

 短视频标题要这样来写

一个文案，最先吸引浏览者的是什么？毋庸置疑是标题，好的标题才能让浏览者点进去查看短视频内容，让短视频上热门。因此，撰写文案的标题就显得十分重要了。而掌握一些标题创作技巧也就成了每个短视频运营者必须掌握的核心技能。

4.2.1　撰写标题的3个原则

评判一个文案标题的好坏，不仅要看它是否有吸引力，还需要遵循其他一些原则。遵循这些原则撰写的标题，能让你的短视频更容易上热门。这些原则具体如下。

1. 换位原则

短视频运营者在撰写文案标题时，不能只站在自己的角度去思考要推出什么，更要站在受众的角度去思考。也就是说，应该将自己当成受众，如果你想知道这个问题，你会用什么搜索词搜索这个问题的答案，这样写出来的文案标题会更接近受众心理。

因此，短视频运营者在撰写标题前，可以先将有关的关键词输入浏览器中进行搜索，然后从排名靠前的文案中找出写作标题的规律，再将这些规律用于自己要撰写的文案标题中。

2. 新颖原则

短视频运营者如果想让自己的文案标题形式变得新颖，可以采用多种方法。笔者在这里介绍几种比较实用的标题形式。

- 文案标题写作要尽量使用问句，这样比较能引起人们的好奇心，如"谁来'拯救'缺失的牙齿？"这样的标题更容易吸引读者。
- 短视频标题要尽量写得详细、细致，这样才会有吸引力。
- 要尽量将利益写出来，无论是查看这个短视频文案后所带来的利益，还是这个短视频文案中涉及的产品或服务所带来的利益，都应该在标题中直接告诉读者，从而增加标题对读者的影响力。

3. 关键词组合原则

通过观察，可以发现能获得高流量的文案标题，都是拥有多个关键词并对关键词进行组合之后形成的标题。这是因为，只有单个关键词的标题，它的排名影响力不如有多个关键词的标题。

例如，如果仅在标题中嵌入"面膜"这一个关键词，那么只有当用户搜索"面膜"这一关键词时，文案才会被搜索出来，而标题上如果含有"面膜""变美""年轻"等多个关键词，则用户在搜索其中任意关键词的时候，文案都会被搜索出来，标题"露脸"的机会也就更多了。

4.2.2 利用词根提高曝光率

笔者在前文中介绍撰写标题应该遵守的原则时，曾提及写标题要遵守关键词组合的原则，这样才能凭借更多的关键词提高文案的"曝光率"，让自己的文案出现在更多的短视频用户面前。在这里，笔者将给大家介绍如何在标题中运用关键词。

撰写文案标题的时候，运营者需要充分考虑怎样去吸引目标受众的关注。

要实现这一目标，就需要从关键词着手。而要在标题中运用关键词，就需要考虑关键词是否含有词根。

词根指的是词语的组成根本，只要有词根我们就可以组成不同的词。运营者在标题中加入有词根的关键词，可以有效提高文案的搜索度。

例如，一篇文案标题为"十分钟教你快速学会手机摄影"，那这个标题中"手机摄影"就是关键词，而"摄影"就是词根。根据词根我们可以写出更多与摄影相关的标题。用户一般会根据词根去搜索短视频，只要你的短视频标题中包含了该词根，那么短视频就更容易被用户搜索到。

4.2.3　凸显短视频文案的主旨

俗话说："题好一半文。"它的意思就是说，有一个好的标题就等于短视频文案成功了一半。衡量一个短视频标题好坏的方法有很多，而是否体现短视频文案的主旨就是衡量标题好坏的一个主要参考依据。

如果一个短视频标题不能够做到在用户看见它的第一眼就明白它想要表达的内容，并判断出该短视频是否具有点击查看的价值，那么用户在很大程度上就会放弃查看这个短视频。

那么标题是否体现短视频文案主旨这一衡量依据，将会造成什么样的结果呢？具体分析如图 4-4 所示。

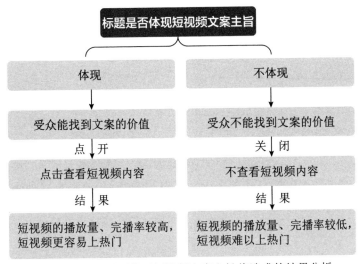

图 4-4　标题是否体现短视频文案主旨将造成的结果分析

经过分析，大家可以直观地看出，文案标题是否体现文案主旨会直接影响短视频的营销效果。所以，运营者想要让自己的短视频上热门的话，那么在撰写标题的时候一定要多注意标题是否体现了文案的主旨。

4.3 12 种短视频吸睛标题的类型

在了解了短视频标题的作用和撰写原则的情况下，接下来就是具体了解标题的类型及表达方式。

4.3.1 福利发送型标题

福利发送型的标题是指在标题上带有与"福利"相关的字眼，向用户传递一种"这个短视频就是来送福利的"的感觉，让短视频用户自然而然地想要看完短视频。发送福利型标题准确把握了短视频用户贪便宜的心理需求，其一看到"福利"的相关字眼就会忍不住想要了解短视频的内容。

福利发送型标题的表达方法有两种，一种是直接型，另一种则是间接型，虽然具体方式不同，但是效果都相差无几，如图 4-5 所示。

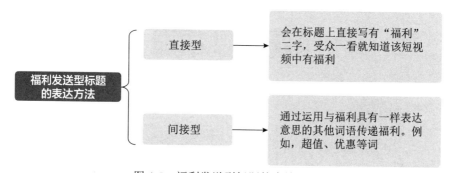

图 4-5　福利发送型标题的表达方法

值得注意的是，在撰写福利发送型标题的时候，无论是直接型还是间接型，都应该把握 3 个原则，如图 4-6 所示。

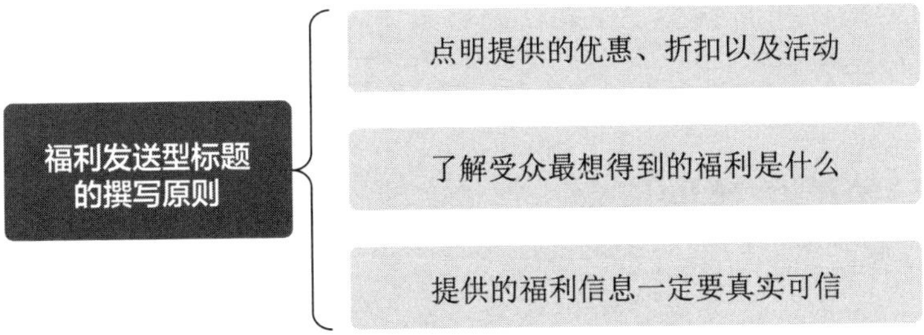

点明提供的优惠、折扣以及活动

福利发送型标题
的撰写原则

了解受众最想得到的福利是什么

提供的福利信息一定要真实可信

图 4-6 撰写福利发送型标题的 3 个原则

福利发送型标题有直接福利型和间接福利型两种不同的表达方式，不同的标题案例有不同的特色，接下来，我们就一起来看看这两种福利型标题的具体案例，如图 4-7、图 4-8 所示。

图 4-7 直接福利型标题

图 4-8 间接福利型标题

这两种类型的福利发送型标题虽然稍有区别，但本质上都是通过"福利"来吸引受众的眼球，从而提升短视频的点击率。

福利发送型的标题通常会给受众带来一种惊喜之感，试想，如果短视频标题中或明或暗地指出含有福利，你难道不会心动吗？

福利发送型标题既可以吸引短视频用户的注意力，又可以为短视频用户带来实际的利益，可谓一举两得。当然，在撰写福利发送型标题时也要注意，不要因为侧重福利而偏离了主题，而且最好不要使用太长的标题，以免影响短视频的传播效果。

4.3.2 价值传达型标题

价值传达型标题是指向用户传递一种只要看了短视频就可以掌握某些技巧或者知识的信息。

这种类型的标题之所以能够引起受众的注意，是因为抓住了人们想要从短视频中获取实际利益的心理。许多用户都带着一定的目的刷短视频。要么是希望短视频含有福利，如优惠、折扣；要么是希望能够从短视频中学到一些有用的知识。因此，价值传达型标题的魅力是不可阻挡的。

在打造价值传达型标题的过程中，往往会碰到这样一些问题，如"什么样的技巧才算有价值？""价值传达型的标题应该具备哪些要素？"等。那么，价值传达型的标题到底应该如何撰写呢？笔者将自己的经验技巧总结为3点，如图4-9所示。

图4-9 撰写价值传达型标题的技巧

值得注意的是，在撰写价值传达型标题时，不要提供虚假的信息，如"一分钟一定能够学会××""3大秘诀包你××"等。价值传达型标题虽然需要添加夸张的成分，但要把握好度，要有底线和原则。

价值传达型标题通常会出现在技术类的文案之中，主要是为受众提供实际好用的知识和技巧，图4-10所示为价值传达型标题的典型案例。

短视频用户在看见这种价值传达型标题的时候，会更加有动力去查看短视频的内容，因为这种类型的标题会给人一种学习这个技能很简单、不用花费过多的时间和精力就能学会的印象。

图 4-10 价值传达型标题

4.3.3 励志鼓舞型标题

励志鼓舞型标题最为显著的特点就是"现身说法"，一般是通过第一人称的方式讲故事，故事的内容包罗万象，但总的来说离不开成功的方法、教训以及经验等。

如今很多人都想致富，却苦于没有致富的方向，如果这个时候给他们看励志鼓舞型短视频，让他们知道其他人是怎样打破枷锁、走上人生巅峰的，他们就很有可能对带有这类内容的标题感到好奇，因此这样的标题结构就会看起来具有独特的吸引力。励志鼓舞型标题模板主要有两种，如图 4-11 所示。

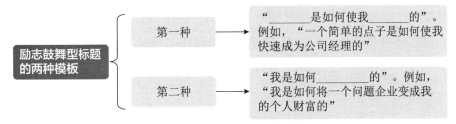

图 4-11 励志鼓舞型标题的两种模板

励志鼓舞型标题的好处在于煽动性强，容易制造一种鼓舞人心的感觉，勾起短视频用户的欲望，从而提升短视频的完播率。

那么，打造励志鼓舞型标题是不是单单依靠模板就好了呢？答案是否定的，模板固然可以借鉴，但在实际的操作中，还是要根据内容的不同而研究特定的励志型标题。总的来说有 3 种经验技巧可供借鉴，如图 4-12 所示。

打造励志鼓舞型标题可借鉴的经验技巧

- 改编励志的名人名言作为标题
- 挑选富有煽动性、情感浓厚的词语
- 根据不同的情境打造不同特色的标题

图 4-12　打造励志鼓舞型标题可借鉴的经验技巧

一个成功的励志鼓舞型标题不仅能够带动受众的情绪，还能促使用户对短视频产生极大的兴趣。图 4-13 所示为励志鼓舞型标题的典型案例，都带有较强的励志色彩。

图 4-13　励志鼓舞型标题

励志鼓舞型标题一方面是利用用户想要获得成功的心理，另一方面则是巧妙掌握了情感共鸣的精髓，通过带有励志色彩的字眼来引起受众的情感共鸣，从而成功吸引受众的眼球。

4.3.4　揭露解密型标题

揭露解密型标题是指为受众揭露某件事物不为人知的秘密的一种标题。

大部分人都会有好奇心和八卦心理，而这种标题则恰好可以抓住短视频用户的这种心理，从而充分引起短视频用户的兴趣。

短视频运营者可以利用揭露解密型标题做一个长期的专题，从而达到一段时间内或者长期凝聚短视频用户的目的。而且，这种类型的标题比较容易打造，只需把握3大要点即可，如图4-14所示。

打造揭露解密型标题的要点
- 清楚表达事实真相是什么
- 突出展示真相的重要性
- 运用夸张、显眼的词语等

图4-14 打造揭露解密型标题的要点

揭露解密型标题，最好在标题之中显示出冲突性，这样可以有效吸引短视频用户的注意力，使用户认识到短视频内容的重要性，从而愿意主动点击查看短视频内容。

图4-15为揭露解密型的短视频标题，这两个短视频的标题都侧重于揭露事实真相，从标题上就做到了先发制人，因此能够有效吸引短视频用户的目光。

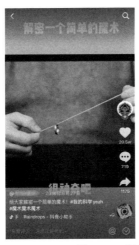

图4-15 揭露解密型标题

4.3.5 视觉冲击型标题

不少人认为："力量决定一切。"这句话虽带有强烈的主观意识，但还是有着一定的道理的。其中，冲击力作为力量范畴中的一员，在短视频标题撰写中有着它独有的价值和魅力。

所谓"冲击力"，即带给人视觉和心灵上的触动的力量，其是引起短视频用户关注的原因所在。

在具有视觉冲击力的标题撰写中，要善于利用"第一次"和"比……还重要"等类似的较具有极端性特点的词汇。因为受众往往比较关注那些具有特别突出特点的事物，而"第一次"和"比……还重要"等词汇是最能充分体现其突出性的，往往能带给短视频用户强大的戏剧冲击感和视觉刺激感。

图 4-16 所示为一些带有冲击感的短视频标题案例。这两个短视频的标题就是利用"第一次"和"比……更重要"这种较极端性的语言，给短视频用户造成了一种视觉乃至心理上的冲击。

图 4-16　带有视觉冲击的文案标题

4.3.6　悬念制造型标题

好奇是人的天性，悬念制造型标题就是利用人的好奇心来打造标题。标题中的悬念是一个诱饵，引导用户查看短视频的内容，因为大部分人看到标题里有没被解答的疑问和悬念，就会忍不住想要弄清楚到底怎么回事。这就是悬念制造型标题的魅力。

悬念制造型标题在日常生活中运用得非常广泛，也非常受欢迎。人们在看电视、综艺节目的时候也会经常看到一些节目预告之类的广告，这些广告就会采取这种悬念制造型的标题引起观众的兴趣。利用悬念撰写标题的方法通常有 4 种，如图 4-17 所示。

利用悬念撰写标题的常见方法
- 利用反常的现象造成悬念
- 利用变化的现象造成悬念
- 利用用户的欲望造成悬念
- 利用不可思议的现象造成悬念

图 4-17　利用悬念撰写标题的常见方法

悬念制造型标题的主要目的是增加短视频的可看性，因此短视频运营者需要注意的一点是，使用这种类型的标题，一定要确保短视频内容确实能够让用户感到惊奇、充满好奇。如果让用户失望，就会引起其不满。

悬念制造型标题是短视频运营者青睐有加的标题形式之一，它的效果也有目共睹。如果不知道怎么取标题，制作悬念制造型标题是一个很不错的选择。

文案的悬念制造型标题仅仅只是为了引起用户注意，一般只能够博取用户大概 1 ～ 3 次的眼球，很难保留长时间的效果。

因此，写手在设置悬念时，需要非常慎重，最好是有较强的逻辑性，切忌为了标题而忽略了文案营销的目的和文案本身的质量。

悬念制造型标题是运用得比较多的一种标题形式，很多短视频都会采用这一标题形式来引起受众的注意，从而达到较为理想的营销效果和传播效果。图 4-18 所示为悬念制造型标题的典型案例。

图 4-18　悬念制造型标题

4.3.7 借势热点型标题

借势热点型标题是指借助社会上一些事实热点、新闻的相关词汇来撰写标题，从而给短视频造势，提高短视频的播放量。

一般来说，事实热点拥有一大批关注者，而且传播的范围也会非常广，借助这些热点，短视频的标题和内容曝光率会得到明显的提高。

打造借势热点型短视频标题，应该掌握哪些技巧呢？笔者认为，我们可以从 3 个方面来努力，如图 4-19 所示。

图 4-19　打造借势热点型短视频标题的技巧

2019 年新中国成立 70 周年之际，电影《我和我的祖国》热播，并快速引来大量观众的热议。正是因为这一点，许多短视频运营者在撰写标题时就借助了该热点，如图 4-20 所示。

图 4-20　借助《我和我的祖国》的标题

值得注意的是，在打造借势热点型标题的时候，要注意两个问题：一是带有负面影响的热点不要蹭，大方向要积极向上，充满正能量，带给受众正确的思想引导；二是最好在借势热点型标题中加入自己的想法和创意，然后将发布的短视频与之相结合，做到借势和创意的完美同步。

4.3.8　警示受众型标题

警示受众型标题常常通过发人深省的内容和严肃深沉的语调给受众以强烈的心理暗示，从而给受众留下深刻印象。警示受众型的新闻标题，常常被很多短视频运营者追捧和模仿。

警示受众型标题是一种有力量且严肃的标题，给人以警示作用，从而引起用户的高度注意。它通常会将以下3种内容移植到短视频标题中，如图4-21所示。

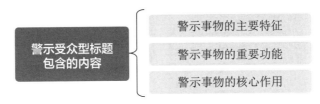

图 4-21　警示受众型标题包含的内容

那么警示受众型标题应该如何构思和撰写呢？很多人只知道警示受众型标题容易夺人眼球，但具体如何撰写却是一头雾水。笔者在这里想分享3点技巧，如图4-22所示。

图 4-22　打造警示受众型标题的技巧

在运用警示受众型标题时，需要注意运用得是否恰当，因为并不是每一个短视频都可以使用这种类型的标题。

这种标题形式运用得恰当，能为短视频加分，起到其他标题无法替代的作用。运用不当的话，很容易让用户产生反感情绪或引起一些不必要的麻烦。因此，短视频运营者在使用警示受众型标题的时候要谨慎小心，注意用词恰当与否，绝对不能不顾内容胡乱取标题。

警示受众型标题可以应用的场景很多，无论是技巧类的短视频内容，还是供大众娱乐消遣的娱乐八卦新闻，都可以用到这一类型的标题形式。图4-23所示为运用警示受众型标题的案例。第一个短视频中的"注意"是关键词，让用户一眼就锁定，从而对短视频内容产生兴趣。而第二个短视频中的"警惕"，则既起到了警示受众的作用，又吸引了用户的注意力。

图4-23　警示受众型标题

选用警示受众型标题这一形式，主要是为了提升短视频用户的关注度，大范围地传播短视频。因为警示的方式往往更加醒目，触及了用户的利益，而涉及自身利益的事情都是用户最关心的，因此本来不想看短视频的用户可能也会点击查看。

4.3.9　独家分享型标题

独家分享型标题，也就是从标题上体现短视频运营者所提供的信息是独有的珍贵资源，让用户觉得该短视频值得点击和转发。从用户的心理方面来看，独家分享型标题所代表的内容一般会给人一种自己率先获知、别人没有的感觉，因而用户在心理上更容易获得满足。

在这种情况下，好为人师和想要炫耀的心理就会驱使用户自然而然地去转发短视频，成为短视频潜在的传播源和发散地。

独家分享型标题会给用户带来独一无二的荣誉感，同时还会使得短视频内容更加具有吸引力。那么在撰写这样的标题时，我们应该怎么做呢？是直接点明"独家资源，走过路过不要错过"，还是运用其他方法来暗示用户这则短视频的内容是与众不同的呢？

在这里，笔者想提供 3 点技巧，帮助大家成功打造出夺人眼球的独家分享型标题，如图 4-24 所示。

打造独家分享型标题的技巧：
- 充分掌握受众的心理状态
- 从不同角度挖掘受众的痛点需求
- 加入"独家""探秘"等字眼

图 4-24 打造独家分享型标题的技巧

使用独家分享型标题的好处在于可以吸引到更多的用户，让用户觉得短视频内容比较珍贵，从而帮你主动宣传和推广短视频，使短视频内容得到广泛的传播。图 4-25 为独家分享型标题的典型案例。

由于独家分享型标题往往也暗示着文章内容的珍贵性，因此撰写者需要注意，如果标题使用的是带有独家性质的形式，就必须保证短视频的内容也是独一无二的，独家性标题要与独家性的内容相结合。

图 4-25 独家分享型标题

4.3.10　紧急迫切型标题

很多人或多或少都会有一点拖延症，总是需要在他人的催促下才愿意动手做一件事。紧急迫切型标题有一种类似于催促用户赶快查看短视频的意味，它能够给用户传递一种紧迫感。

使用紧急迫切型标题，往往会让用户产生现在不看就会错过什么的感觉，从而立马查看短视频。那么这类标题具体应该如何打造呢？笔者将其相关技巧总结为 3 点，如图 4-26 所示。

> **打造紧急迫切型标题的技巧**
> - 在急迫之中结合受众的痛点和需求
> - 突出显示文章内容需要阅读的紧迫性
> - 加入"赶快行动、手慢无"等词语

图 4-26　打造紧急迫切型标题的技巧

紧急迫切型标题，能够促使用户赶快行动起来，而且也是切合用户利益的一种标题打造方法。图 4-27 所示为紧急迫切型标题的典型案例。

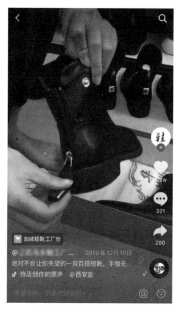

图 4-27　紧急迫切型标题

4.3.11　数字具化型标题

数字具化型标题是指在标题中呈现出具体的数字，以数字的形式来概括相关的主题内容。数字不同于一般的文字，它会带给用户比较深刻的印象，与用户的心灵产生奇妙的碰撞。

在短视频文案中采用数字具化型标题有不少好处，具体体现在 3 个方面，如图 4-28 所示。

图 4-28　数字具化型标题的好处

数字具化型标题很容易打造，它是一种概括性的标题，只要做到 3 点就可以撰写出来，如图 4-29 所示。

图 4-29　撰写数字具化型标题的技巧

数字具化型标题包括很多不同的类型，比如时间、年龄等，具体来说可以分为 3 种，如图 4-30 所示。

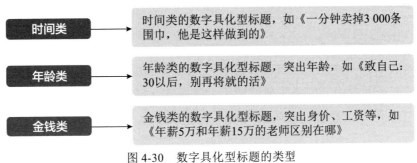

图 4-30　数字具化型标题的类型

数字具化型标题比较常见，它通常会采用悬殊的对比、层层递进等方式呈现，目的是营造一种比较新奇的情景，对用户产生视觉上和心理上的冲击。图4-31所示为数字具化型标题的案例。

图 4-31　数字具化型标题

事实上，很多内容都可以通过具体的数字总结和表达，只要把想重点突出的内容提炼成数字即可。同时还要注意的是，在打造数字具化型标题时，最好统一使用阿拉伯数字，尽量把数字放在标题前面。

4.3.12　观点表达型标题

观点表达型标题，是以表达观点为核心的一种标题撰写形式，一般会在标题上精准到人、并且把人名镶嵌在标题之中。值得注意的是，这种类型的标题还会在人名的后面紧接对某件事的个人观点或看法。

观点表达型标题比较常见，而且可使用的范围比较广泛，常用公式有5种，如图4-32所示。

当然，公式是一个比较刻板的东西，在实际的标题撰写过程中，不可能完全按照公式来做，只能说它可以为我们提供大致的方向。那么在撰写观点表达型标题时，有哪些经验技巧可以借鉴呢？笔者总结了3点，如图4-33所示。

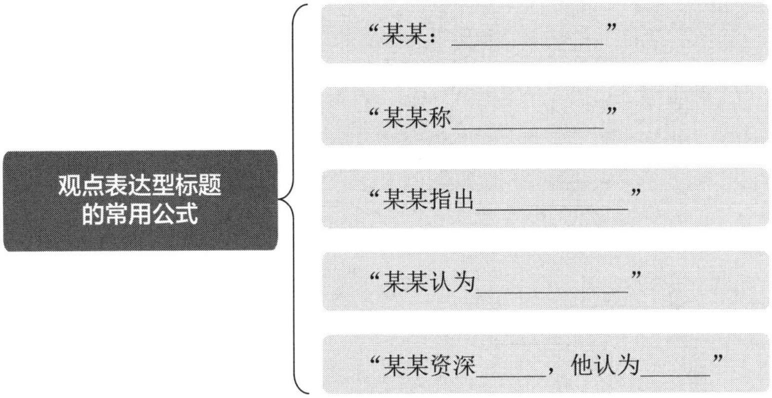

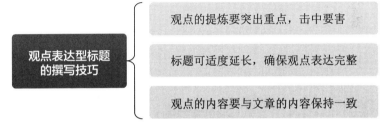

观点表达型标题
的常用公式

"某某：＿＿＿＿＿＿＿＿"

"某某称＿＿＿＿＿＿＿＿"

"某某指出＿＿＿＿＿＿＿＿"

"某某认为＿＿＿＿＿＿＿＿"

"某某资深＿＿＿＿＿，他认为＿＿＿＿＿"

图 4-32　观点表达型标题的常用公式

观点表达型标题
的撰写技巧

观点的提炼要突出重点，击中要害

标题可适度延长，确保观点表达完整

观点的内容要与文章的内容保持一致

图 4-33　观点表达型标题的撰写技巧

　　观点表达型标题的好处在于一目了然，"人物＋观点"的形式往往能在第一时间引起受众的注意，特别是当人物的名气比较大时，短视频用户对短视频中表达的观点会更容易产生认同感。

/第/5/章/

标题优化：直击痛点，赢得用户信任

🔖 学前提示

许多短视频用户在看一个短视频时，首先注意到的可能就是它的标题。因此，一个短视频的标题好不好，将对它的相关数据造成很大的影响。

如果短视频运营者能够通过优化标题，让短视频的标题直击用户的痛点，赢得目标用户的信任，那么短视频自然就会更容易受到用户的关注了。

🔖 要点展示

- ◎ 制作短视频爆款标题的七大要求
- ◎ 六大标准，全面评估短视频标题
- ◎ 撰写短视频标题要注意的六个误区

5.1　撰写短视频爆款标题的七大要求

要想深入学习如何撰写短视频爆款标题，就要掌握短视频爆款标题的特点。本节，笔者将从爆款文案标题的特点出发，重点介绍七大要求，帮助短视频运营者更好地打造短视频爆款标题。

5.1.1　学会控制字数

部分运营者为了在标题中将短视频的内容讲清楚，会把标题写得很长。那么是不是标题越长就越好呢？笔者个人认为，在制作短视频标题时，应将字数控制在一定范围内。

在智能手机品类多样的情况下，不同型号的手机一行显示的字数也是不一样的。一些图文信息在自己手机里看着是一行，但在其他型号的手机里可能就是两行了。在这种情况下，标题中的有些关键信息就有可能隐藏起来，不利于用户了解标题中描述的重点和对象。

图5-1所示为部分短视频平台的相关界面。我们可以看到，界面中部分标题因为字数太多，无法完全显示，所以标题的后方显示为"……"。用户看到这些标题后，可能难以准确把握短视频的主要内容。而这样一来，标题就失去了其应有的作用。

因此，在制作标题内容时，对重点内容和关键词要有所取舍，把最主要的内容呈现出来即可。标题本身就是文案内容精华的提炼，字数过长会显得不够精练，同时也会让用户丧失查看短视频内容的兴趣，因此将标题字数控制在适当的长度才是最好的。

当然，有时候文案作者也可以借助标题中的"……"来勾起用户的好奇心，让用户想要了解那些没有写出来的内容是什么。不过这就需要运营者在撰写标题的时候把握好这个引人好奇的关键点了。

图 5-1　标题字数太多无法完全显示

5.1.2　用语尽量简短

运营者撰写短视频文案标题的目的就是让用户更快地注意到标题，并被标题吸引，进而点击查看短视频内容，增加短视频的播放量。这就要求运营者撰写的标题能在最短的时间内吸引用户的注意力。

如果短视频标题中的用语过于冗长，就会让用户失去耐心。这样一来，标题将难以达到很好的效果。通常来说，撰写简短标题需要把握好两点，即用词精练、用句简短。

简短的短视频标题因其本身简洁的形式和清晰的成分组成，能让用户在阅读标题时很放松，不会产生疲劳感。

5.1.3　陈述形象通俗

短视频文案的受众比较广泛，这其中便包含了一些文化水平不是很高的人群。因此，文案语言要求形象化和通俗化。从通俗化的角度而言，就是尽量避免华丽的辞藻和不实用的描述，照顾到绝大多数用户的语言理解能力，用通俗易懂的语言来撰写标题。否则，文案就无法达到带动产品销售的目的，短视频也就没有应有的商业价值。

为了实现短视频标题的通俗化，运营者可以重点从3个方面着手，如图5-2所示。

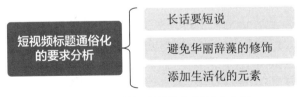

图 5-2　短视频标题通俗化的要求分析

除了某领域内部的人员之外，其他用户对该领域的了解或熟悉度是远远不够的，如果毫无经验或是经验不足的用户想要学习某领域的专业知识，那么对于专业性过强或者太过复杂的标题，他们可能是难以学习和理解的。而当用户看不懂或不理解标题内容时，很可能会选择略过对应的短视频。这样一来，短视频的播放量就难以得到保障了，短视频的播放目的也将难以实现。

在撰写标题时，添加生活化的元素是一种常用的、简单地使标题通俗化的方法，也是一种行之有效的营销宣传方法。利用这种方法，可以把专业性的、不易理解的词汇和道理通过生活元素形象、通俗地表达出来。在标题中运用通俗化的语言陈述产品的作用和功能，让消费者更容易理解的同时带动产品消费，如图5-3所示。

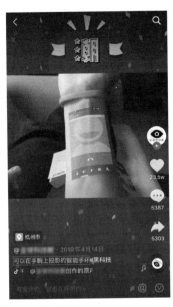

图 5-3　通俗化语言文案标题

5.1.4 标题形式新颖

短视频文案标题的形式千千万万，作者不能拘泥于几种常见形式的标题，因为普通的标题早已不能够吸引每天都在变化的用户了。

那么怎样的标题才能够引起用户的注意呢？笔者认为，以下3种做法既能吸引用户的关注，又具备可操作性。

（1）标题使用问句，能在很大程度上激发用户的兴趣和参与度。比如，"你想成为一个事业家庭都成功的人士吗？""为什么你运动了却依然瘦不下来？""早餐、午餐、晚餐的比例到底怎样划分才更加合理？"等，这些标题对于那些急需解决这方面问题的用户来说十分具有吸引力。

（2）标题中的元素越详细越好。对于那些需求紧迫的短视频用户来说，越是详细的信息，就越具有吸引力。比如上面所说的"为什么你运动了却依然瘦不下来？"如果笼统写成"你想减肥吗？"那么标题的针对性和可信力都会大打折扣。

（3）要在标题中将能带给用户的利益明确地展示出来。用户看到有利于自身的元素，才会去注意和查阅。所以运营者在撰写标题时，要突出带给用户的利益才能吸引其目光，让用户对文案内容产生兴趣，进而点击查看短视频内容。例如，"十一秒学会曲线变速针对环绕运镜的应用"，如图5-4所示。

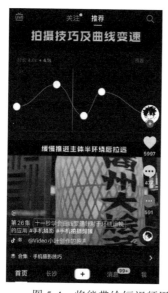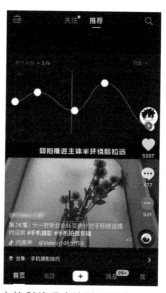

图5-4　将能带给短视频用户的利益明确地展示出来

运营者在撰写文案标题的时候，要学会用新颖的标题来吸引用户的注意力。千篇一律的标题，用户看多了也会产生审美疲劳，而适当的创新则能让他们的感受大有不同。

5.1.5 考虑用户的搜索习惯

运营者在撰写文案标题的时候，要注意考虑用户的搜索习惯。如果一味按照自己的想法，而不结合用户的实际情况，那无疑是闭门造车。通常来说，用户搜索的内容可分为两类，即资源类和实用类。

1. 资源类

"资源类"是指用户没有明确目标而想通过搜索来找到某一类事物的情况，如搜索"热门音乐""意识流小说""高分电影""森系手机壁纸"等，如图 5-5 所示。

2. 实用类

"实用类"是指短视频用户想要解决生活中的某一问题而产生的搜索行为，如"如何做可乐鸡翅""衬衣怎么洗才不会发皱""84 消毒液和洁厕灵为何不能同时使用"等，如图 5-6 所示。

图 5-5 "资源类"搜索

图 5-6 "实用类"搜索

从上述两种搜索类型的案例可以看出，用户在使用搜索功能的时候，目的不一样，其所搜的类型也会不同。所以，运营者在撰写文案标题的时候要注意研究用户的搜索类型，掌握其搜索规律和搜索习惯，有针对性地进行标题写作，这样才能保证文案有比较稳定的点击播放量。

5.1.6 展示最大亮点

销售类文案发布的目的就是吸引受众的注意力，最终促进企业产品的销售。为了实现这一目的，在拟写标题的过程中，运营者应该注意将产品的最大亮点展示出来，这样可以让用户在看到标题的时候就能够感受到短视频中所提及的商品具有怎样的特点，是否能满足他们的需求。

在凸显特征这一层面上，最能够打动用户的一般是能表现出产品最新动态和特征的标题。这是因为，人们都有一种追求新奇的心理需求，总是希望能够见证历史性的某一时刻、某一事件，因而在标题中添加"全新""开始""创新""终于"等词汇，往往更能吸引用户的眼球，让短视频获得更多的点击量，如图 5-7 所示。

图 5-7　展示最大亮点的标题

《全新一代传祺 GA6，和我一起揭开 6 的秘密，就是这么 6！》这一短视频标题最大的亮点在于"全新一代"。对于爱车一族或者是对车辆感兴趣的用户来说，"全新一代"带给他们的是一种"新"的感受。人们总觉得"买新不买旧"，所以，这一亮点足以吸引爱车人士的目光。

5.1.7 体现出实用性

短视频文案的作用主要是告诉用户通过了解和关注短视频内容，能获得哪些方面的实用性知识或能得到哪些具有价值的启示。因此，为了提升短视频的点击量，运营者在进行标题设置时应该对其实用性进行展现，以期最大限度地吸引读者的眼球。

比如，与养生有关的短视频账号，都会在文案当中介绍一些养生的方法，并在文案标题当中将其展示出来，感兴趣的用户看到这一文案之后，就会点击查看标题所介绍的关于养生的详细方法。

这类实用性的标题，对短视频内容的实用性和针对对象作了说明，从而为那些需要相关方面知识的用户提供了实用性的解决方案。

展现实用性的标题，多出现在专业的或与生活常识相关的新媒体平台上。除了上面所说的关于养生的文案在标题之中展现其实用性以外，其他专业化的短视频平台或账号也常在标题中展现实用性。

比如一些分享摄影技术或者摄影器材的短视频，就会在标题中将其实用性展示出来，让用户能够快速了解这篇文案的目的是什么。

展现实用性是一种非常有效的标题撰写原则，利用这一原则撰写的标题尤其受那些在生活中遇到类似问题的用户欢迎。因此，这类短视频通常较容易获得比较高的点击量。

图 5-8 所示为两个体现实用性的标题。这两个标题明确地表示短视频中包含了用户可能用得上的生活小妙招和实用小物件。因此，用户看到标题觉得短视频中的内容可能对自己有用处，自然会更愿意查看短视频内容。

图 5-8　体现实用性的标题

六大标准，全面评估短视频标题

运营者在写短视频文案标题时，要学会抓住标题的要点，只有抓住要点才能准确无误地打造标题。本节笔者将从掌握标题要点的思路出发，重点介绍评估短视频标题的六大标准。

5.2.1　给用户提供了什么益处或奖赏

一般来说，好的短视频标题要能抓住用户的心理。运营者撰写标题和用户阅读标题其实是一个互动的过程，运营者想要传达某些思想或要点给用户，同时用户也希望能通过标题看到可从短视频当中获得的益处或奖赏。

这也就要求运营者在撰写短视频标题的时候，准确地抓住用户的这一心理。如果标题都不能吸引住用户，那么让用户点击查看短视频内容又从何谈起呢？所以，在标题当中就要展示出你能给用户带来什么样的益处或奖赏，这样才能吸引住用户。

短视频标题里所说的益处或奖励又分为两种，一种是物质上的益处或奖励，如图 5-9 所示。

图 5-9　物质上的益处或奖励

这类案例直接将物质奖励放入标题中，其所表示的奖励或者益处都是实实在在存在的物质，用户可以很清楚地看出查看这个短视频之后可以获得哪些益处和奖赏。

这类标题抓住了用户的心理，恰当地将奖励放入短视频标题当中。比如，某家电生产厂家有一批新型智能空调即将上市，上市之前要通过媒体做一番预热，预热期预定该空调可享受一定折扣的优惠，那么这篇文案的标题则可以从折扣方面入手，当用户看到这样的文案标题时，就会被标题中的折扣所吸引。

另一种则是技术或心灵上得到了益处。所谓心灵上的益处，就是在标题当中展示出你看了这个短视频之后心灵上会获得的成长。

图 5-10 所示的便是短视频标题当中所讲的技术或者心灵上的益处或奖励。这类标题大多是分享技巧或心灵感受，比如，教摄影的文案标题就会告诉用户这是一些摄影"干货"。

图 5-10　技术或心灵上的益处或奖励

5.2.2　切入方式是否清楚直接而简洁

现在人们生活、工作的快节奏，这就要求短视频标题也要适应这种快节奏，要清楚直接，让人一眼就能看见重点。

标题一旦字数太多，结构过于复杂，词句拗口、生涩难懂（专业性文章除外），那么用户在看见标题时就已经不想再去阅读了，更不用说点击查看短视频内容了。

标题的好坏直接决定了短视频播放量的高低，所以，在撰写标题时，一定要重点突出，简洁明了，最好是能够朗朗上口的，这样才能让用户在短时间内就能清楚地知道你想要表达的是什么。

直接而简洁的短视频标题也主要分为两大类：一类是娱乐生活类，因为这类短视频所涉及的话题都较为轻松，不会很严肃，所以这类标题较为轻快活泼，让用户在阅读时感到很轻松；另外一类是新闻类，因为这类短视频所讲的事情大都较为严肃，所以这类标题通常会比较严肃正经。娱乐生活类短视频标题如图 5-11 所示。

图 5-11 所示的这类娱乐生活类短视频标题，切入简单直接，不过于复杂，也不需要花费太多精力去阅读，所以往往能吸引很多人点击短视频。

图 5-11　简单直接的娱乐生活类文案标题

新闻类短视频标题讲究的就是抓要点，不带太多情感色彩，只表达作者想要表达的东西，所以这类标题往往也是十分的简单直接，如图 5-12 所示。

图 5-12　简单直接的新闻标题

从中可以看出，这类标题具有简单直接、所包含的信息一目了然的特点，用户看了标题即可对短视频的内容有个大致的了解。这类标题，字数不多，少的几个字，多的也就十几个字，十分简洁。

5.2.3 是否呈现创意和鲜明信息统一

要想把自己的短视频做好，就要独树一帜，有自己鲜明的风格和特点，让用户除了你别无选择。如果文案做到了这种程度，你的短视频就成功了一大半。

而文案要做到独树一帜，标题非常关键。那么运营者怎样让标题独树一帜又风格鲜明呢？首先，标题要有独特的创意，有别人所想不到的东西；其次，标题的信息还要十分鲜明突出，要在一瞬间抓住用户的眼球，争取达到让用户耳目一新的效果。

既具有创意，又信息鲜明突出的标题有两大类：一类是广告性质的，这类标题又分为隐藏性的和非隐藏性的；另一类是非广告性质的，这类的范围比广告性质类的更为宽泛。

图 5-13 所示的是隐藏性广告的创意标题。光看标题读者根本不知道这条短视频是广告。这一标题的创意体现在将"又要做妈妈了""没想到我也会有这一天？！"置于标题中，让用户隔着屏幕也能感受到喜悦，所以这一创意就能很好地吸引用户关注。看到标题之后，许多用户觉得这只是表达喜悦之情的一条短视频，点击查看之后才发现它其实是一条修护霜的广告。

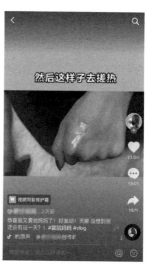

图 5-13　隐藏性广告的创意标题

图 5-14 所示的是两个非隐藏性短视频广告的创意标题。用户在看到这类标题的时候便能猜出这是在做广告。第一个短视频标题的创意在于它不像其

他广告一样直接把产品亮出来，而是将"男生看了都会心动"作为卖点，吸引用户关注；第二个短视频标题的创意则在于将餐具的外观与使用者的心情联系在了一起，而且用网络用语"美腻"来表示"美丽"，也让标题看上去别有一番趣味。

图 5-14　非隐藏性广告的创意标题

非广告性质的创意标题，往往会展示运营者的所见、所闻、所感。图 5-15 所示的短视频使用的就是非广告性质的创意标题。其创意之处是将一家三口说成是"一个外姓的"和"两个同姓的"，用以形容彼此的"亲疏"关系。

图 5-15　非广告性质的创意标题

5.2.4 标题元素是否已尽可能具体化

"标题元素"也就是标题的构成部分。而标题元素的具体化则是尽量将标题里的重要构成成分说具体，精确到名字或直观的数据。

拿《某人在公交车站旁捡到装巨款的包》这个例子来说，标题里面比较重要的元素就是"某人""公交车站""巨款"等，在这些元素中，公交车站是已经具体了的，"某人"是什么人？是小孩、老人，还是年轻人？这些在标题中都没有体现。"巨款"到底有多"巨"？标题中也没有显示出来。这样对受众的冲击力不够大。

如果将它改成《出门就捡钱，小学生在公交车站捡一包，打开一看，里面竟是 60 万元人民币！》，那么标题里面的重要元素就被具体化了，"某人"变成了"小学生"，"巨款"也具体成了"60 万元人民币"。相对于"巨款"一词来说，"60 万元"的冲击对平常人来说可能更大，所以，这也就要求运营者在撰写标题的时候，尽量将标题里面的重要元素具体化。

大多数人不喜欢模棱两可的文字，而更喜欢直观的文字。相对于文字来说，人们又对数字更为敏感，因为数字和日常生活中的很多东西挂钩，所以人们也更关注数字的多少和走向。因而在标题中加入数字，也是将标题元素具体化的一种有效手段。

图 5-16 所示的就是短视频标题当中元素具体化的案例。在这些案例中，我们可以很清楚地看出标题当中的重要元素，如相关对象、事件和数字都具体化了。这样的标题不仅内容明确，还能更好地抓住用户的眼球。

图 5-16 标题元素具体化

5.2.5　短视频标题和内容联结是否合理

在文章写作中，有一种说法叫作"文不对题"，意思就是文章的内容和标题完全不对应，这样的现象也叫作偏题。

在短视频标题中也可能存在类似的问题，如果用户看见一条短视频的标题之后点击进去查看内容，结果发现标题和内容说的根本不是一个东西，就会产生不好的阅读体验。这种不好的阅读体验很可能不仅仅局限于这条短视频，更有甚者，会对这个账号发布的所有短视频都失去好感。

短视频标题的写作和普通文章标题的写作要求是共通的。写文章不能"文不对题"，短视频标题也要和内容合理联结。也就是说在短视频的标题中要突出文案内容的中心或重点，要让用户在看到标题的时候大致知道运营者想要说的是什么。

图 5-17 所示的就是标题与文案内容联结合理的案例。在这个案例中，用户一看就知道这条短视频重点要讲的是"孩子是怎么睡的"，而短视频的主要内容，也是掀开被子，展示孩子的睡姿。

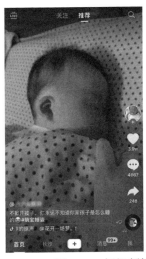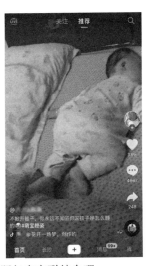

图 5-17　短视频标题与内容联结合理

5.2.6　是否已筛选了特定类型的用户

没有哪一条短视频是所有人都感兴趣的，这也就要求运营者在撰写标题的时候，精准定位自己的用户群体。只有目标用户定位准确了，才能保证短视频的点击量。

比如，关于摄影的短视频，其所针对的用户群就是摄影爱好者，那么标题中就要将目标用户群体现出来，让喜爱摄影的人能在第一时间就知道这个短视频是针对他们来做的；关于美食的短视频，其所针对的用户就是美食爱好者，那么在标题上也就要偏向于他们；关于旅游的短视频所针对的就是旅游爱好者，标题也就自然要偏向爱好旅游的读者。

短视频目标用户的定位和筛选，包括两个方面：一个方面是内在条件，包括目标用户群的个人基本信息和爱好，比如性别、年龄、兴趣爱好、价值取向等内在因素；另一个方面是外在条件，主要包括目标用户群的消费能力、所处地域等。只有搞清楚了这些问题，运营者才能做到对用户有正确的定位，这就是人们常说的"知己知彼，才能百战百胜"。

图 5-18 所示的两个短视频标题中，直接将"小个子女生"和"宝妈"这两个目标用户群点了出来。这样一来，当"小个子女生"和"宝妈"群体看到标题时，就会明白这两个短视频的内容主要是针对自己的。而对于这种短视频，她们自然也会更加感兴趣一些，因为短视频中的内容或多或少会跟自己有所关联。

图 5-18　标题筛选特定用户

5.3 撰写短视频标题要注意的六个误区

在撰写标题时，运营者还要注意不要走入误区，一旦标题失误，便会对短视频的数据造成不可小觑的影响。本节将从标题容易出现的六个误区出发，介绍如何更好地打造短视频标题。

5.3.1 表述含糊

在撰写短视频标题时，要避免为了追求标题的新奇性而出现表述含糊的现象。很多运营者为了使自己的标题更加吸引用户的目光，一味地追求新奇，这可能会导致标题的语言含糊其辞。

如果在标题上表述"含糊"，那么用户看了可能完全不知道运营者想要说的是什么，甚至觉得整个标题都很乱，完全没有重点。

因此，运营者在撰写标题时，表达要清晰，重点要明确，要让用户看到标题就知道短视频内容大致讲的是什么，要做到找准内容重点，明确内容中的名词，如人名、地名、事件名等。

5.3.2 词汇无关

一些运营者为了让自己的短视频标题变得更加有趣、吸引用户注意力，而使用一些与标题没有多大联系，甚至根本没有关联的词汇。

这样的标题可能刚开始能引起用户注意并点击查看短视频内容。但时间一久，用户便会拒绝这样随意添加无关词汇的标题。这样的结果所造成的影响，对于一个品牌或者产品来说是长久的。所以，运营者一定不要将无关词汇使用到标题当中去。

在标题中使用的无关词汇，也有很多种类型，如图 5-19 所示。

总而言之，标题中使用的词汇一定要与文案内容有所关联，不能为了追求标题的趣味性而随意乱用无关词汇。运营者如果能巧妙地将词汇与文案的内容紧密结合，使词汇和标题及文案内容融会贯通，相互照应，就能写出成功的标题。否则，不仅会对用户造成一定程度的欺骗，也会变成所谓的"标题党"。

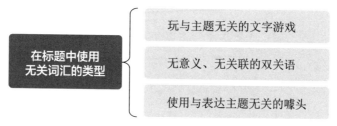

图 5-19　在标题中使用无关词汇的类型

5.3.3　负面表达

人天生都愿意接受好的东西，而不愿意接受坏的东西，趋利避害是人的天性。这一情况也提醒着运营者，在撰写短视频标题时不要用太过负面的表达方式，而要用正面的、健康的、积极的方式表达主题，给用户一种好的引导。

例如，在表述食用盐时，最好采用"健康盐"的说法，如《教你如何选购健康盐》，避免使用"对人体有害"这样的负面表述，这样才能让短视频内容和产品更容易被用户所接受。

5.3.4　虚假自夸

运营者在撰写短视频标题时，虽说要用到文学中的一些表现手法，比如夸张、比喻等，但这并不代表就能毫无上限地夸张，把没有的说成有的，把虚假的说成真实的。在没有准确数据和调查结果的情况下冒充"第一"，这在标题的撰写当中是不可取的。

要结合自身品牌的实际情况，来进行适当的艺术性描写，而不能随意夸张，胡编乱造。如果想要使用"第一"或者意思与之差不多的词汇，不仅要得到有关部门的允许，还要有真实的数据作为依据。如果随意使用"第一"，不仅会给自身品牌形象带来不好的影响，还可能因为欺骗和误导用户而承担法律责任。

5.3.5　比喻不当

比喻式的标题能将某事物变得更为具体和生动，具有化抽象为具体的强大功能。所以，采用比喻的形式撰写标题，可以让用户更加清楚地理解标题当中出现的内容，或者是运营者想要表达的思想和情绪。这对于提高短视频的相关数据也能起到十分积极的作用。

但是，在标题中运用比喻，也要十分注意比喻是否得当的问题。一些作者在追求用比喻式的文案标题来吸引用户注意的时候，常常会出现比喻不当的错误，也就是出现本体和喻体没有太大联系或毫无相关性的情况。

标题一旦比喻不当，不仅不能被用户接受和喜爱，还可能会让用户产生质疑和困惑，从而影响短视频的传播效果。

5.3.6　强加于人

"强加于人"就是指运营者将本身或者某一品牌的想法和概念植入短视频标题中，强行灌输给用户，给用户一种盛气凌人的感觉。

当一个标题太过盛气凌人的时候，用户不仅不会接受该标题所表达的想法，还会产生抵触心理。这样一来，运营者越是想让用户看自己的短视频，用户就越是不会看；越是想让用户接受自己的观点，用户就越是不接受。如此循环往复，最后受损失的还是运营者自己，或者是品牌自身。例如，《如果秋冬你只能买一双鞋，那必须是它》《今年过节不收礼，收礼只收洁面仪！》就是"强加于人"的标题的典型。

/第/6/章/

封面设计：抓人眼球，好图才有人看

學 学前提示

在许多短视频平台中,用户看一个短视频时,首先看到的就是该短视频的封面。

因此,对于运营者来说,设计一个抓人眼球的短视频封面尤为重要,只有将封面图设置好了,才能吸引更多用户点击查看你的短视频内容。

學 要点展示

- ⊙ 选取最佳的短视频封面图片
- ⊙ 制作"高大上"的短视频封面图
- ⊙ 制作短视频封面的注意事项

6.1 选取最佳的短视频封面图片

封面对于一个短视频来说至关重要，因为许多用户都会根据封面呈现的内容，决定要不要点击查看短视频的内容。那么，如何为短视频选择最佳的封面图片呢？笔者认为可以从 3 个方面进行考虑。

6.1.1 根据与内容的关联性选择

如果将一个短视频比作一篇文章，那么，短视频的封面就相当于文章的标题。所以，在选择短视频封面时，一定要考虑封面图片与短视频的关联性。如果你的短视频封面与短视频内容的关联性太弱了，那么，就有标题党的嫌疑，或者是让人觉得文不对题。在这种情况下，用户看完短视频之后，自然就会生出不满情绪，甚至会产生厌恶感。

根据与内容的关联性选择短视频封面，运营者只需要根据短视频的主要内容选择能够代表主题的文字和画面即可。

图 6-1 所示为一个制作糖醋排骨的短视频的封面。这个封面在与内容的关联性方面就做得很好。因为它直接呈现的是制作完成的糖醋排骨，而且还显示了"糖醋排骨"这几个字。这样一来，用户看到封面之后就能大致判断这个短视频是要展示糖醋排骨的制作过程了。

图 6-1　根据与内容的关联性选择的封面图

6.1.2　根据账号的风格特点选择

　　一些短视频账号在经过一段时间的运营之后，在短视频封面的选择上可能已经形成了自身的风格特色，而用户也接受了这种风格特色，甚至部分短视频用户还表现出对这种短视频封面风格的喜爱，那么，运营者在选择短视频封面时就可以延续自身的风格特色，也就是根据账号以往的风格特色来选择短视频封面图片。

　　例如，李佳琦在短视频和直播中出镜时有一句口头禅"oh my god！"，这句话也成为他的一种标志。因此，李佳琦发布的短视频中都会显示"oh my god！"的简写，即"OMG！"另外，他的短视频封面中还会呈现个人的形象照。所以，"OMG！"和个人形象照就成为李佳琦发布的短视频的封面的必备要素，如图6-2所示。

图6-2　李佳琦发布的短视频的封面

6.1.3　根据短视频平台的规则选择

许多短视频平台都有自己的规则，有的平台甚至将这些规则整理成文档进行了展示。对于运营者来说，要想更好地运营自己的短视频账号，就应该遵循平台的规则。

通常来说，各短视频平台会通过制定规则，对短视频运营者在平台上的各种行为进行规范。运营者可以从规则中找出与短视频封面相关的内容，并在选择短视频封面时将相关规则作为重要的参考依据。

以抖音短视频平台为例，它制定了《“抖音”用户服务协议》，该协议包含的内容比较丰富。运营者在制作短视频封面时，可以重点参考该协议中 5.2.3（即在抖音平台不能制作、复制、发布和传播的内容）和 6（即抖音平台信息内容使用规范）的相关内容，具体如图 6-3、图 6-4 所示。

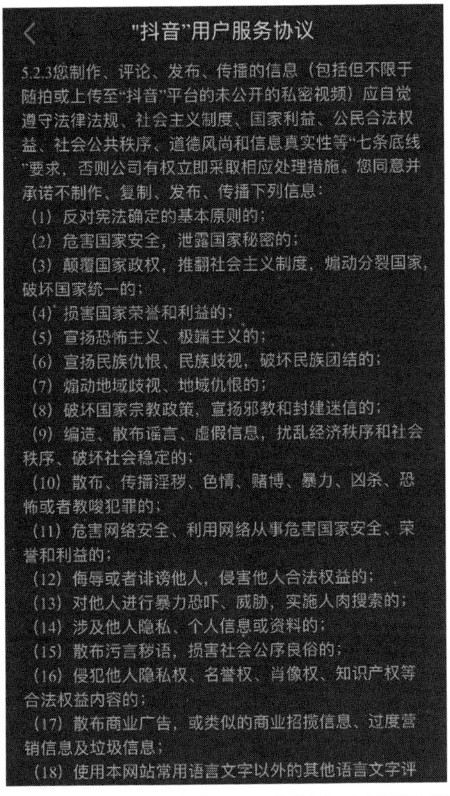

"抖音"用户服务协议

5.2.3您制作、评论、发布、传播的信息（包括但不限于随拍或上传至"抖音"平台的未公开的私密视频）应自觉遵守法律法规、社会主义制度、国家利益、公民合法权益、社会公共秩序、道德风尚和信息真实性等"七条底线"要求，否则公司有权立即采取相应处理措施。您同意并承诺不制作、复制、发布、传播下列信息：

（1）反对宪法确定的基本原则的；

（2）危害国家安全，泄露国家秘密的；

（3）颠覆国家政权，推翻社会主义制度，煽动分裂国家，破坏国家统一的；

（4）损害国家荣誉和利益的；

（5）宣扬恐怖主义、极端主义的；

（6）宣扬民族仇恨、民族歧视，破坏民族团结的；

（7）煽动地域歧视、地域仇恨的；

（8）破坏国家宗教政策，宣扬邪教和封建迷信的；

（9）编造、散布谣言、虚假信息，扰乱经济秩序和社会秩序、破坏社会稳定的；

（10）散布、传播淫秽、色情、赌博、暴力、凶杀、恐怖或者教唆犯罪的；

（11）危害网络安全、利用网络从事危害国家安全、荣誉和利益的；

（12）侮辱或者诽谤他人，侵害他人合法权益的；

（13）对他人进行暴力恐吓、威胁，实施人肉搜索的；

（14）涉及他人隐私、个人信息或资料的；

（15）散布污言秽语，损害社会公序良俗的；

（16）侵犯他人隐私权、名誉权、肖像权、知识产权等合法权益内容的；

（17）散布商业广告，或类似的商业招揽信息、过度营销信息及垃圾信息；

（18）使用本网站常用语言文字以外的其他语言文字评

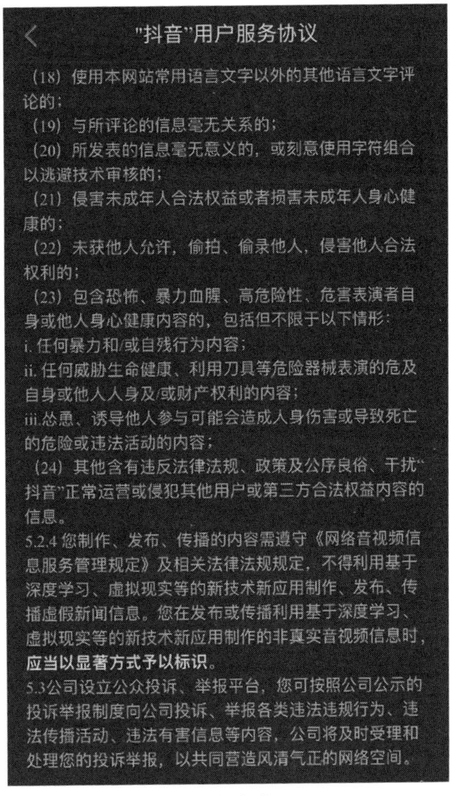

"抖音"用户服务协议

（18）使用本网站常用语言文字以外的其他语言文字评论的；

（19）与所评论的信息毫无关系的；

（20）所发表的信息毫无意义的，或刻意使用字符组合以逃避技术审核的；

（21）侵害未成年人合法权益或者损害未成年人身心健康的；

（22）未获他人允许，偷拍、偷录他人，侵害他人合法权利的；

（23）包含恐怖、暴力血腥、高危险性、危害表演者自身或他人身心健康内容的，包括但不限于以下情形：

i. 任何暴力和/或自残行为内容；

ii. 任何威胁生命健康、利用刀具等危险器械表演的危及自身或他人人身及/或财产权利的内容；

iii. 怂恿、诱导他人参与可能会造成人身伤害或导致死亡的危险或违法活动的内容；

（24）其他含有违反法律法规、政策及公序良俗、干扰"抖音"正常运营或侵犯其他用户或第三方合法权益内容的信息。

5.2.4 您制作、发布、传播的内容需遵守《网络音视频信息服务管理规定》及相关法律法规规定，不得利用基于深度学习、虚拟现实等的新技术新应用制作、发布、传播虚假新闻信息。您在发布或传播利用基于深度学习、虚拟现实等的新技术新应用制作的非真实音视频信息时，**应当以显著方式予以标识。**

5.3公司设立公众投诉、举报平台，您可按照公司公示的投诉举报制度向公司投诉、举报各类违法违规行为、违法传播活动、违法有害信息等内容，公司将及时受理和处理您的投诉举报，以共同营造风清气正的网络空间。

图 6-3　在抖音中不能制作、复制、发布和传播的内容

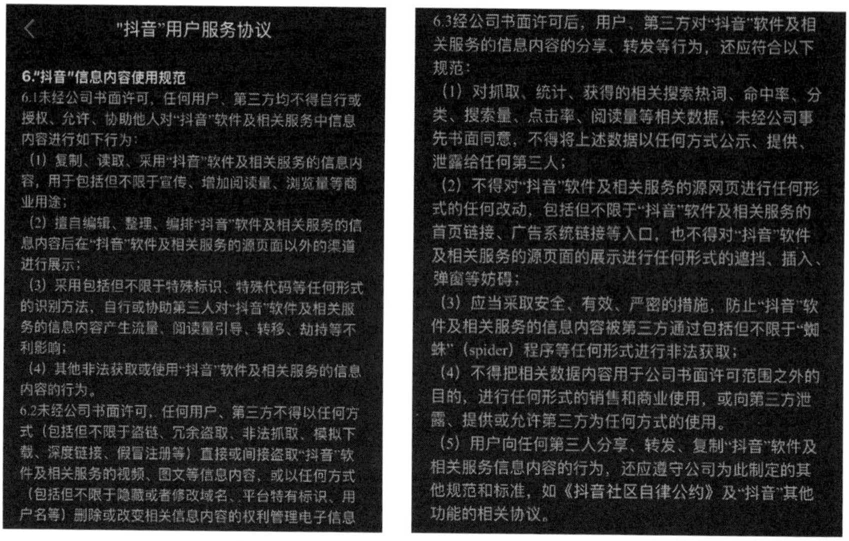
"抖音"用户服务协议

6."抖音"信息内容使用规范

6.1未经公司书面许可，任何用户、第三方均不得自行或授权、允许、协助他人对"抖音"软件及相关服务中信息内容进行如下行为：

（1）复制、读取、采用"抖音"软件及相关服务的信息内容，用于包括但不限于宣传、增加阅读量、浏览量等商业用途；

（2）擅自编辑、整理、编排"抖音"软件及相关服务的信息内容后在"抖音"软件及相关服务的源页面以外的渠道进行展示；

（3）采用包括但不限于特殊标识、特殊代码等任何形式的识别方法，自行或协助第三人对"抖音"软件及相关服务的信息内容产生流量、阅读量引导、转移、劫持等不利影响；

（4）其他非法获取或使用"抖音"软件及相关服务的信息内容的行为。

6.2未经公司书面许可，任何用户、第三方不得以任何方式（包括但不限于盗链、冗余盗取、非法抓取、模拟下载、深度链接、假冒注册等）直接或间接盗取"抖音"软件及相关服务的视频、图文等信息内容，或以任何方式（包括但不限于隐藏或者修改域名、平台特有标识、用户名等）删除或改变相关信息内容的权利管理电子信息

6.3经公司书面许可后，用户、第三方对"抖音"软件及相关服务的信息内容的分享、转发等行为，还应符合以下规范：

（1）对抓取、统计、获得的相关搜索热词、命中率、分类、搜索量、点击率、阅读量等相关数据，未经公司事先书面同意，不得将上述数据以任何方式公示、提供、泄露给任何第三人；

（2）不得对"抖音"软件及相关服务的源网页进行任何形式的任何改动，包括但不限于"抖音"软件及相关服务的首页链接、广告系统链接等入口，也不得对"抖音"软件及相关服务的源页面的展示进行任何形式的遮挡、插入、弹窗等妨碍；

（3）应当采取安全、有效、严密的措施，防止"抖音"软件及相关服务的信息内容被第三方通过包括但不限于"蜘蛛"（spider）程序等任何形式进行非法获取；

（4）不得把相关数据内容用于公司书面许可范围之外的目的，进行任何形式的销售和商业使用，或向第三方泄露、提供或允许第三方为任何方式的使用。

（5）用户向任何第三人分享、转发、复制"抖音"软件及相关服务信息内容的行为，还应遵守公司为此制定的其他规范和标准，如《抖音社区自律公约》及"抖音"其他功能的相关协议。

图 6-4　抖音平台信息内容使用规范

6.2 制作"高大上"的短视频封面图

因为大多数用户会根据短视频的封面决定是否查看短视频内容。所以，运营者在制作短视频时，一定要尽可能地让封面看起来更加"高大上"。为此，运营者需要了解并掌握制作短视频封面的一些技巧。

6.2.1 掌握封面图的基本调整方法

许多运营者在制作短视频封面时，并非直接从拍摄的短视频中选取画面作为封面。对于这部分运营者来说，掌握封面的基本调整方法就显得非常关键了。

其实，许多 App 都可以帮助运营者更好地调整短视频的封面图。以美图秀秀 App 为例，其包含的抠图、虚化和光效功能就能很好地帮助运营者制作短视频封面。

1. 抠图

当运营者需要将某个画面中的一部分，如画面中的人物，单独拿出来制作短视频封面时，就可以借助美图秀秀 App 的"抠图"功能，把需要的部分"抠"

出来。在美图秀秀 App 中使用"抠图"功能的具体操作步骤如下。

步骤 01 打开美图秀秀 App，点击默认界面中的"图片美化"按钮，如图 6-5 所示。

步骤 02 进入"最近项目"界面，选择需要处理的照片，如图 6-6 所示。

图 6-5 点击"图片美化"按钮 图 6-6 "最近项目"界面

步骤 03 进入照片处理界面，点击下方的"抠图"按钮，如图 6-7 所示。

步骤 04 进入抠图界面，选择"一键抠图"选项，然后根据提示选择并拖动照片中需要的部分，便可以直接进行抠图，如图 6-8 所示。

图 6-7 点击"抠图"按钮 图 6-8 抠图界面

步骤 05 抠图完成之后，只需点击界面右下角的✔按钮，即可将完成抠图的照片直接导出。

2.背景虚化

运营者在制作短视频封面时，可能需要重点突出画面中的部分内容。比如，需要重点展现人物的颜值。此时，便可以借助"背景虚化"功能，通过虚化不重要的部分，来突出显示画面中的重要部分。在美图秀秀 App 中使用"背景虚化"功能的具体操作步骤如下。

步骤 01 打开美图秀秀 App，点击默认界面中的"图片美化"按钮，进入"最近项目"界面，选择需要进行处理的照片。

步骤 02 进入照片处理界面，点击下方的"背景虚化"按钮，如图 6-9 所示。

步骤 03 进入背景虚化处理界面，短视频运营者可以在该界面中选择不同的背景虚化模式。美图秀秀 App 提供了 3 种背景虚化模式，即智能、图形和直线，如图 6-10 所示。运营者只需根据自身需求进行选择和设置即可。

步骤 04 背景虚化处理完成之后，只需点击界面右下角的✔按钮，即可将完成背景虚化的照片直接导出。

图 6-11 所示为原片和进行了背景虚化之后的照片，对比之下不难发现，经过背景虚化之后，画面中的重点部分，即人物的面部更容易成为视觉焦点。

图 6-9　点击"背景虚化"按钮

图 6-10　背景虚化处理界面

（原片） （背景虚化后的照片）

图 6-11 照片背景虚化处理的前后对比

3. 光效

在拍摄短视频或照片的时候，如果光线比较暗淡，那么拍出来的短视频画面或照片亮度必然不足。在遇到这种情况时，短视频运营者可以借助美图秀秀 App 的"光效"功能，让画面或照片"亮"起来。具体来说，在美图秀秀 App 中使用"光效"功能的具体操作步骤如下。

步骤 01 打开美图秀秀 App，点击默认界面中的"图片美化"按钮，进入"最近项目"界面，选择需要进行处理的照片。

步骤 02 进入照片处理界面，点击下方的"增强"按钮，如图 6-12 所示。

步骤 03 进入光效处理界面，在该界面中可以通过智能补光、亮度、对比度和高光调节等设置，对照片的光效进行调整，如图 6-13 所示。

图 6-12 点击"增强"按钮 图 6-13 光效处理界面

步骤 04 光效处理完成之后，只需点击界面右下角的 ✔ 按钮，即可将完成光效处理的照片直接导出。

图 6-14 所示为原片和进行了光效处理后的照片，从中我们可以看到，经过光效处理之后，图片明显变得明亮了，而且"颜值"也得到了提高。

（原片）　　　　　　　　　　　　（光效处理后的照片）

图 6-14　照片光效处理的前后对比

6.2.2　制作一个固定的封面图模板

如果运营者想要快速制作出"高大上"的短视频封面，那么，制作一个固定的封面图模板不失为一种有效的手段。因为固定的封面图模板制作完成之后，只需对具体内容进行替换，便能快速制作出新的短视频封面。

当然，要想利用固定模板快速制作出"高大上"的短视频封面，还有一个前提，那就是制作的固定封面图模板必须是"高大上"的。因此，在制作短视频的固定封面图模板时，运营者一定要多花一些心力。因为一个固定的封面图模板会直接影响利用该模板制作的短视频封面的显示效果。

通常来说，固定封面图模板比较适合短视频发布频率比较高或者运营时间比较有限的短视频运营者使用。因为固定模板制作完成后，就能快速制作出具体的短视频封面，这可以为运营者节省大量的时间。

例如，有一名歌手，因为用于短视频运营的时间是比较有限的，所以他制作了固定的短视频封面模板，即用纯色的背景，在背景的中间位置插入短视频画面，并在画面的上下方显示关键性的文字（画面上方通常是歌曲的名称，下方则是具体的歌词），如图6-15所示。

图6-15 固定的封面图模板

6.2.3 抖音短视频怎么设置封面图

封面制作出来之后，要想真正地运用到短视频中，还需要进行具体的设置。所以，运营者还必须掌握短视频封面的设置方法。

不同短视频平台的短视频封面设置方法不尽相同，这一节笔者就来为大家简单地介绍抖音短视频封面的设置方法。具体来说，短视频运营者可以通过以下步骤，完成抖音短视频封面的设置。

步骤 01 打开抖音短视频 App，点击默认界面中的[+]，进入抖音的拍摄界面，如图 6-16 所示。在该界面中，运营者可以选择上传已拍摄的短视频，也可以直接拍摄短视频。

步骤 02 短视频上传或拍摄完成后，进入短视频后期处理界面。在该界面，运营者可以对短视频的配乐、特效和文字等内容进行设置。设置完成后，点击下方的"下一步"按钮，如图 6-17 所示。

图 6-16　抖音的拍摄界面　　　图 6-17　短视频后期处理界面

步骤 03 操作完成后，进入短视频"发布"界面，点击界面中的"选封面"按钮，如图 6-18 所示。

步骤 04 操作完成后，进入"选封面"界面，在该界面中❶选择具体的短视频画面；❷点击右上方的✓按钮，即可完成短视频封面的设置，如图 6-19 所示。

部分短视频运营者看到这里之后可能会有疑问，因为这样设置的封面是短视频的某个画面，所以最终是以静态的形式进行显示的。但是，有的抖音短视频的封面却是动态的。

其实，在抖音短视频平台中，短视频运营者可以根据自身的需求，选择静态或动态短视频封面。只是要设置动态短视频封面，得通过如下步骤开通动态封面设置功能。

图 6-18 短视频"发布"界面　　　图 6-19 短视频"选封面"界面

步骤01 进入抖音短视频的个人主页界面，点击界面右上方的 ▤ 按钮，如图 6-20 所示。

步骤02 操作完成后，在弹出的列表框中，选择"设置"选项，如图 6-21 所示。

 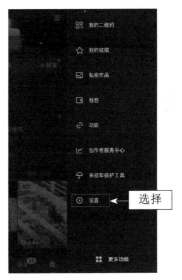

图 6-20 抖音个人主页界面　　　图 6-21 选择"设置"选项

步骤03 进入"设置"界面，点击界面中的"通用设置"按钮，如图 6-22 所示。

步骤04 进入"通用设置"界面，向右滑动"动态封面"后方的按钮，即可开通动态封面设置功能，如图 6-23 所示。

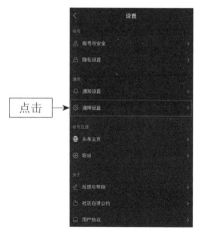

图 6-22　"设置"界面　　　图 6-23　"通用设置"界面

6.2.4　快手短视频怎么设置封面图

在快手平台中，短视频的封面同样是可以自主进行设置的。那么，快手
短视频的封面怎样进行设置呢？具体步骤如下。

步骤 01 打开快手短视频 App，默认进入"发现"界面。点击该界面右下方的■按钮，
如图 6-24 所示。

步骤 02 进入快手短视频拍摄界面，如图 6-25 所示。在该界面中，运营者可以选
择上传已拍摄的短视频，也可以直接拍摄短视频。

图 6-24　快手的"发现"界面　　图 6-25　快手的拍摄界面

步骤 03 短视频上传或拍摄完成后，进入短视频后期处理界面。点击该界面中的"封面"按钮，如图 6-26 所示。

步骤 04 进入封面设置界面，在该界面中❶选择具体的短视频画面；❷点击右下方的☑按钮，即可完成短视频封面的设置，如图 6-27 所示。

图 6-26　短视频后期处理界面

图 6-27　封面设置界面

6.2.5　抖音火山版短视频怎么设置封面图

"抖音火山版"原名为"火山小视频"，由于近年来抖音短视频快速发展，影响力越来越大，再加上火山小视频和抖音短视频都是字节跳动（原今日头条）旗下的产品，因此，便更名为"抖音火山版"。

和抖音短视频、快手短视频相同，抖音火山版也是一个以分享短视频为主的平台。那么，在抖音火山版平台中短视频封面图是如何设置的呢？接下来，笔者就来讲解具体的操作步骤。

步骤 01 打开抖音火山版 App，默认进入"视频"界面。点击该界面右上方的📷按钮，如图 6-28 所示。

步骤 02 进入抖音火山版拍摄界面，如图 6-29 所示。在该界面中，运营者可以选择上传已拍摄的短视频，也可以直接拍摄短视频。

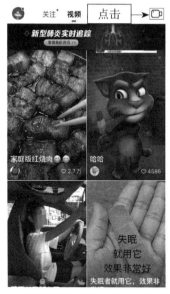

图 6-28　抖音火山版的"视频"界面　　图 6-29　抖音火山版的拍摄界面

步骤 03 短视频上传或拍摄完成后，进行必要的后期处理，即可进入短视频"发布"界面。点击界面中的"点击编辑标题和封面"按钮，如图 6-30 所示。

步骤 04 进入"封面选择"界面，在该界面中选择具体的短视频画面；点击右上方的"完成"按钮，即可完成短视频封面的设置，如图 6-31 所示。

图 6-30　短视频"发布"界面　　图 6-31　"封面选择"界面

制作短视频封面的注意事项

在制作短视频封面的过程中，有一些需要特别注意的事项。这一节，笔者从中选取了 8 个方面的内容，为大家进行重点说明。

6.3.1 原创：尽量使用原创

人们每天接收到的信息非常多，而对于重复出现的内容，大多数人都不会太感兴趣。所以，原创显得尤为重要。如果你的短视频封面不是原创的，那么用户可能会认为已经看过其对应的短视频，这样一来，你的短视频的点击率就难以得到保障了。

要做到使用原创短视频封面很简单。因为绝大多数运营者拍摄或上传的短视频内容都是自己制作的，所以只需从短视频中随意选择一个画面作为封面，基本上就能保证封面的原创性。

当然，为了更好地显示短视频封面的原创性，运营者还可以对封面进行一些处理。比如，可以在封面上加上一些体现原创性的文字，如原创、自制等，如图 6-32 所示。这些文字虽然是对整个短视频的说明，但用户看到之后，也能马上明白包括封面在内的所有短视频内容都是运营者自己做的。

图 6-32　使用原创短视频封面

6.3.2　标签：带有超级符号

超级符号就是一些在生活中比较常见的、一看就能明白的符号。比如，红绿灯就属于一种超级符号，大家都知道"红灯停，绿灯行"。又比如，一些知名品牌的 LOGO，我们只要一看就知道它代表的是哪个品牌。

相对于纯文字的说明，带有超级符号的标签，在表现力上更强，也更能让运营者快速传达重点信息。因此，在制作短视频封面时，运营者可以尽可能地使用超级符号来吸引用户关注。

例如，一个关于京东被薅羊毛的短视频，该短视频的封面中就是用京东的 LOGO——"京东狗"这个超级符号，来吸引用户的。

6.3.3　文字：有效传达信息

短视频封面的文字说明如果运用得好，能起到画龙点睛的作用。然而，许多运营者在制作封面时，对文字说明的运用却还存在一些问题。

这主要体现在两个方面。一是文字说明使用过多，封面上文字信息占据了很大的版面，如图 6-33 左侧短视频封面所示。这种文字说明方式，不仅会延长用户阅读文字信息的时间，而且文字说明已经包含了短视频要展示的全部内容，因此用户看完封面之后，甚至都没有必要再去查看具体的短视频内容了。

二是在封面中干脆不进行文字说明，如图 6-33 右侧所示短视频封面。这种文字说明方式虽然更能保持画面的美观，但是，许多用户看到封面之后，却不能准确地判断这个短视频展示的具体内容。

图 6-33　文字说明运用存在问题的短视频封面

其实，要运用好文字说明也很简单，运营者只需尽可能地用简练的文字进行表达，有效地传达信息即可。

图 6-34 所示为某快手账号的部分短视频封面，其在文字说明的运用上就做得很好。这个账号以分享菜品制作过程为主，所以它的短视频封面基本上只有菜品的名字。这样一来，用户只需要看封面上的文字，便能迅速判断这个短视频是要展示哪个菜品的制作方法。

图 6-34　文字说明运用得当的短视频封面

6.3.4　景别：展现最大看点

许多运营者会直接从短视频中选取画面作为短视频的封面。这里需要特别注意一点，那就是不同景别的画面，显示的效果有很大的不同。运营者在选择封面时，应该选择展现最大看点的景别，以便用户快速把握重点。

图 6-35 所示为某条短视频的两个画面，从中可以看到这两个画面在景别上就存在很大的区别。左侧的画面是远景，右侧的画面是中景。而从短视频的文字说明可以看出，这条短视频的重点是人物摘花送了过来。相比之下，

中景更能清楚地展示人物及人物手中的花，所以右侧的画面比左侧的更适合做短视频的封面。

图 6-35　某短视频的两个画面

6.3.5　构图：改善封面美感

同样的主体，以不同的构图方式拍摄出来，其呈现的效果也会存在较大的差异。一个具有美感的封面无疑更能吸引用户的目光。因此，在制作短视频封面时，应选择用合适的构图方式呈现主体，让封面更具美感。

图 6-36 所示为不同构图风格的两个短视频封面。左侧封面呈现的事物太多，让人看得眼花缭乱，难以把握主体，而且整个封面看上去毫无美感。这个封面在构图方面可以说是失败的。

而右侧的封面则是用特写的方式来展示红烧茄子这个主体。用户只要一看封面就能快速把握主体，而且整个画面也比较美观。因此，相比之下，这个封面在构图方面要比右侧的好得多。

图 6-36 不同构图风格的两个短视频封面

除了画面中事物的数量之外，在构图时还需要选择合适的角度。如果角度选择不好，画面看起来可能就会有一些怪异。图 6-37 中因为人物比较瘦，再加上呈现的是人物弯腰的姿态，所以最后呈现的效果是人物看上去像个大头娃娃，毫无美感。

图 6-37 构图角度选择不当

6.3.6 色彩：强化视觉效果

色彩越鲜艳的东西，通常越容易吸引人的目光。因此，运营者在制作频封面时，应尽可能地让物体的颜色更好地呈现出来，从而让整个封面的视觉效果更强一些。

图 6-38 所示为两个短视频的画面，如果将这两个画面作为短视频的封面，那么，右侧的画面对用户的吸引力会强一些。这主要是因为左侧的画面在拍摄时光线有些不足，再加上画面中的食物经过烹制之后，颜色出现了变化。所以，画面中虽然色彩丰富，但是却不够鲜艳。而右侧的画面中，虽然物体颜色比较少，但是光线很足，看上去更为美观，视觉效果更好。

图 6-38 两个短视频的画面

6.3.7 尺寸：注意图片大小

在制作短视频封面时，一定要注意图片的大小。如果图片太小了，那么，呈现出来的内容可能会不太清晰。遇到图片不够清晰的情况，运营者最好重新制作图片，或者重新拍摄短视频。因为清晰度将会直接影响用户查看图片和短视频内容的感受。

一般来说，各大短视频平台对短视频封面图片的大小都有一定的要求。例如，抖音短视频封面图片大小的要求为 540px×960px。在制作封面时，短视频运营者只需根据平台的要求选择图片即可。

6.3.8 版面：默认竖版呈现

通常来说，各大短视频平台都是默认以竖版的形式呈现短视频封面的。图6-39所示为部分短视频平台的相关页面，可以看到这些平台中的短视频封面便是以竖版的形式进行呈现的。

图6-39 各短视频平台默认以竖版形式呈现短视频封面

在这种情况下，短视频运营者在设置封面时，需要充分考虑到平台对短视频封面版式的呈现设定。然而，在实际的短视频封面制作过程中，部分运营者对此注意得还不够。

例如，图6-40中左侧的短视频封面，直接将横屏拍摄的短视频画面设置为封面。用户要想更好地了解这种封面信息，需要将手机横过来看。

图6-40 将横屏拍摄的画面设置为短视频封面

　　而很多用户都习惯直接用竖屏刷短视频，因此，当他们看到需要横屏呈现的短视频封面时，很可能只看一眼就滑走了，那就更不可能点击封面去查看短视频的具体内容了。这样一来，用横屏展示封面的短视频，其点击量等数据就比较难得到保障了。

　　除了用横屏画面设置短视频封面之外，还有一种情况比较常见，那就是将横屏拍摄的画面设置成竖屏的封面。这样设置虽然适应了用户的阅读习惯，但是短视频中会出现大量没有具体画面的内容。

　　例如，图 6-41 中右侧的封面就是直接将横屏拍摄的画面拿过来设置成竖屏短视频封面的。从中可以看到，在这个封面中，虽然上半部分用文字说明进行了填充，但是，下半部分却有比较长的一段只有背景色，而没有具体的短视频画面，这让整个短视频封面看上去留白太多。

图 6-41　将横屏拍摄的画面设置为竖屏短视频封面

　　其实，在各大短视频平台中，有很多短视频都是横屏拍摄的。比如，许多游戏都是横屏操作的，所以，这些游戏也会以横屏的方式进行拍摄。但是，这些短视频的封面却设置成了竖屏封面，而且最终的显示效果还比较好，那么，这些短视频的封面是如何进行设置的呢？

　　如果运营者看得仔细的话，就会发现这些封面并非直接用横屏拍摄的短视频画面设置的，而是在原短视频画面的基础上进行了一些处理，让画面更加适合以竖屏的形式进行展示。

　　例如，图 6-42 所示就是将横屏拍摄的短视频画面设置成竖屏封面的成功案例。该图左侧是短视频的封面，右侧是短视频的播放界面。从中可以看到虽然短视频呈现的画面是竖屏的，但是，该短视频运营者对画面进行处理之后，成功将其设置成了竖屏封面。而且该运营者为了不让短视频画面留白太多，还添加了与游戏相关的背景，这种处理就比较巧妙。

图 6-42　将横屏拍摄的短视频成功设置成竖屏

剧本编写篇

编写脚本：天马行空，吸引粉丝点赞

📖 学前提示

脚本是短视频制作的基础，脚本编写得好，拍出来的短视频通常也差不了。

那么如何编写天马行空的脚本，让粉丝为依照脚本打造出的短视频点赞呢？这一章，笔者就来重点和大家聊一聊这个问题。

📖 要点展示

- ⊙ 优质短视频脚本的编写技巧
- ⊙ 短视频脚本内容可以这么写
- ⊙ 短视频脚本编写的主要禁区

优质短视频脚本的编写技巧

　　短视频脚本的编写是有技巧的，如果运营者掌握了良好的脚本编写技巧，那么根据脚本制作的短视频就能够获得较为可观的播放量，其中优质短视频的播放量甚至可以达到10W+。具体来说，短视频脚本的编写有哪些技巧呢？这一节笔者就来分别进行解读。

7.1.1 基本内容：短视频脚本的三大类型

　　短视频脚本大致可以分为三大类型，每种类型各有优缺点，其适用的短视频类型也不尽相同。短视频运营者在编写脚本的过程中，只需根据自身情况，选择相对合适的脚本类型即可。接下来，笔者就对短视频脚本的三大类型进行简单说明。

1. 拍摄大纲脚本

　　拍摄大纲脚本就是将需要拍摄的要点一一列出，并据此编写简单大纲的一种脚本类型。这种脚本的优势在于，能够让短视频拍摄者更好地把握拍摄的要点，从而让短视频的拍摄具有较强的针对性。

　　通常来说，拍摄大纲脚本比较适用于带有不确定性因素的新闻纪录片类短视频和难以预先进行分镜头处理的故事片类短视频。如果需要拍摄的短视频内容没有太多的不确定性因素，那么这种类型的脚本就不太适用了。

2. 分镜头脚本

　　分镜头脚本就是将一个短视频分为若干个具体的镜头，并针对每个镜头安排内容的一种脚本类型。这种脚本的编写比较细致，它要求对每个镜头的具体内容进行规划，包括镜头的时长、景别、画面内容和音效等。

　　通常来说，分镜头脚本比较适用于内容确定的短视频，如故事性较强的短视频。而内容具有不确定性的短视频，则不适合选用这种类型的脚本。因为如果短视频整体内容不确定，那么分镜头的具体内容也无法确定。

3. 文学脚本

文学脚本就是将小说或各种小故事进行改编，并以镜头语言来呈现的一种脚本类型。与一般的剧本不同，文学脚本并不会具体指明演出者的台词，而是将短视频中人物需要完成的任务安排下去。

通常来说，文学脚本比较适合拍摄改编自小说或小故事的短视频，以及拍摄思路可以控制的短视频。也正是因为拍摄思路得到了控制，所以按照这种脚本拍摄短视频的效率也比较高。当然，如果拍摄的内容具有太多的不确定性，拍摄的思路无法控制，那么就不适合使用这种类型的脚本。

7.1.2 前期准备：确定短视频整体内容思路

在编写脚本之前，运营者还需要做好一些前期的准备，确定短视频的整体内容思路。具体来说，编写脚本需要做好的前期准备如下。

（1）拍摄的内容。每个短视频都要有明确的主题，以及为主题服务的内容。而要明确短视频的内容，就需要在编写脚本时先将拍摄的内容确定下来，列入脚本中。

（2）拍摄的时间。有时候拍摄一条短视频涉及的人员可能比较多，此时，就需要通过确定拍摄时间，来确保短视频拍摄工作的正常进行。另外，有的短视频内容可能对拍摄的时间有一定的要求，这类短视频也需要在编写脚本时就将拍摄的时间确定下来。

（3）拍摄的地点。许多短视频对拍摄地点都有一定的要求。比如，是在室内拍摄，还是在室外拍摄？是在繁华的街道拍摄，还是在静谧的山林拍摄？这些都应该在编写脚本时确定下来。

（4）使用的背景音乐。背景音乐是短视频内容的重要组成部分，如果背景音乐用得好，甚至可以成为短视频内容的点睛之笔。因此，在编写脚本时，应选用适合短视频的背景音乐。

7.1.3 整体架构：编写短视频脚本的流程

编写短视频脚本是一个系统工程，一个脚本从空白到完成整体构建，需要经过 3 个步骤，具体如下。

步骤1：确定主题

确定主题是编写短视频脚本的第一步，也是关键性的一步。因为只有主题确定了，运营者才能围绕主题策划脚本内容，并在此基础上将符合主题的重点内容有针对性地展示给核心目标群。

步骤2：构建框架

确定主题之后，接下来需要做的就是构建起一个相对完整的脚本框架。例如，可以从什么人、在什么时间、在什么地点、做了什么事、造成了什么影响等角度，勾勒短视频内容的大体框架。

步骤3：完善细节

完成内容框架构建后，短视频运营者还需要在脚本中对一些重点的内容细节进行完善，让整个脚本内容更加具体化。

例如，从人物的角度来说，运营者在编写脚本的过程中，可以对短视频中将要出镜的人员的穿着、性格特征和特色化语言进行策划，让人物形象更加生动和立体化。

7.1.4 剧情策划：详细设定人物和场景

剧情策划是编写脚本的过程中需要重点把握的内容。在策划剧情的过程中，短视频运营者需要做好两个方面的详细设定，即人物设定和场景设定。

1. 人物设定

人物设定的关键就在于通过人物的台词、情绪的变化、性格的塑造等来构建一个立体化的形象，让用户看完短视频之后，就能对短视频中的相关人物留下深刻的印象。除此之外，成功的人物设定，还能让用户通过人物的表现，对人物面临的相关情况感同身受。

2. 场景设定

场景设定不仅能够对短视频内容起到渲染作用，还能让短视频的画面更加具有美感、更能吸引用户的关注。具体来说，运营者在编写脚本时，可以根据短视频主题的需要，对场景进行具体设定。例如，要制作宣传厨具的短视频，便可以在编写脚本时，把场景设定在一个厨房中。

7.1.5　人物对话：撰写短视频旁白和台词

在短视频中，人物对话主要包括短视频的旁白和人物的台词。人物的对话不仅能够对剧情起到推动作用，还能显示出人物的性格特征。例如，要打造一个勤俭持家的人物形象，可以设计该人物在买菜时与菜店店主讨价还价的对话。

因此，短视频运营者在编写脚本时需要对人物对话多一分重视，一定要结合人物的形象来设计对话。有时候为了让用户对短视频中的人物留下深刻的印象，运营者甚至需要为人物设计有特色的口头禅。

7.1.6　脚本分镜：策划短视频分镜头脚本

脚本分镜就是在编写脚本时将短视频内容分割为一个个具体的镜头，并针对具体的镜头策划内容。通常来说，脚本分镜主要包括分镜头的拍法（包括景别和运镜方式）、镜头的时长、镜头的画面内容、旁白和背景音乐等。

脚本分镜实际上就是将短视频制作这个大项目进行分解，分为一个个具体可实行的小项目（即一个个分镜头）。因此，在策划分镜头内容时，不仅要将镜头内容具体化，还要考虑到分镜头拍摄的可操作性。

7.1.7　镜头类别：选择合适的短视频景别

景别是指，当焦距一定时，镜头与拍摄物体之间距离的不同所造成的物体在镜头中呈现的范围大小的区别。通常来说，景别可具体分为远景、全景、中景、近景和特写。不同景别的呈现效果也不尽相同，因此，在编写脚本时，短视频运营者需要为分镜头选择合适的景别。接下来，笔者就以人物的拍摄为例来对景别进行具体说明。

拍摄人物时，远景就是指将人物和周围的环境都拍摄进去，在镜头中进行全面呈现，如图 7-1 所示。

全景就是指完整地呈现人物。与远景不同，全景注重对人物的展示，而不会将周围的环境都拍摄进去，如图 7-2 所示。

图 7-1 远景

图 7-2 全景

中景就是指将人物的一部分（通常是一半左右）进行展示。例如，要在镜头中展示人物的手部动作和面部表情，会把膝盖或腰部以上的部位拍摄进去，此时呈现在画面中的就是中景，如图 7-3 所示。

近景就是在中景的基础上进一步拉近镜头，让人物的相关部位更好地展示。例如，将人物胸部以上呈现至画面中就属于近景，如图 7-4 所示。

图 7-3 中景

图 7-4 近景

特写就是针对人物某个具体的部分进行细节的展示。图 7-5 所示就是对人物鼻子和嘴巴的特写。

图 7-5　特写

7.1.8　运镜方式：短视频的常用运镜技巧

运镜方式就是镜头的运动方式。不同的运镜方式拍摄出来的同一对象，效果可能也会呈现出较大的差异。因此，在编写脚本时，短视频运营者需要了解常用的运镜技巧，并为短视频选择合适的运镜方式。下面，笔者就来对常见的运镜方式进行解读。

1. 推拉

推拉是指将摄像机（或手机）固定在滑轨和稳定器上，并通过推远或拉近镜头来调整镜头与拍摄物体之间的距离。

图 7-6 所示的短视频中，在拍摄人物时，先是从远处拍摄了一个全景，接下来拉近镜头，让景别变成了全景。在此过程中，使用的就是拉镜头。

2. 摇

摇是指从左向右摇动摄像机（或手机）来进行拍摄的方法。这种运镜方式通常是在拍摄主体范围比较大时逐步对拍摄主体进行呈现，或者当拍摄主体移动时，进行跟踪，让拍摄主体出现在镜头的画面中。

图7-7所示的短视频为九寨沟的美丽风光，因为拍摄时无法将美丽风光全部放进一个画面中，所以拍摄者就通过从左向右摇动镜头来进行拍摄。

图7-6 拉镜头

图7-7 摇镜头

3.升降

升降是指将摄像机（或手机）固定在摇臂上，让摄像机（或手机）在竖直方向上进行运动。

图 7-8 所示的短视频中，在拍摄人物时先是拍摄人物的脚，然后将镜头慢慢上升，再拍摄人物的上身，这使用的就是升镜头。

图 7-8　升镜头

4. 俯仰

俯仰是指在机身位置不发生变化的情况下，将摄像机（或手机）向上或向下倾斜拍摄。这种运镜方式，可以让被拍摄的物体在镜头中"变大"或"缩小"，从而显示出被拍摄物体的高大或弱小。图 7-9 所示为俯拍和仰拍人物的短视频案例。

（俯拍）　　　　　　　（仰拍）

图 7-9　俯拍和仰拍

7.2 短视频脚本内容可以这么写

脚本对于短视频制作来说至关重要，那么脚本内容要怎样编写呢？笔者认为，短视频运营者可以重点从以下 5 个方面进行考虑。

7.2.1 根据规范进行编写

随着互联网技术的发展，每天产生的信息量是十分惊人的。数量庞大的原始信息和更新的网络信息以新闻、娱乐和广告信息为传播媒介作用于每一个人。

对于短视频运营者而言，要想让短视频内容被大众认可，在海量信息中脱颖而出，那么首先需要做到的就是保证内容的准确性和规范性。内容的准确性和规范性也是所有短视频脚本的基本编写要求，具体的内容分析如图 7-10 所示。

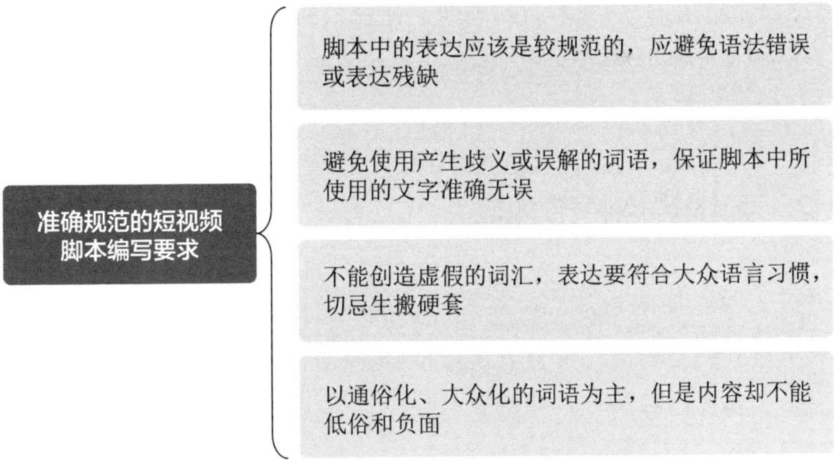

准确规范的短视频脚本编写要求

- 脚本中的表达应该是较规范的，应避免语法错误或表达残缺
- 避免使用产生歧义或误解的词语，保证脚本中所使用的文字准确无误
- 不能创造虚假的词汇，表达要符合大众语言习惯，切忌生搬硬套
- 以通俗化、大众化的词语为主，但是内容却不能低俗和负面

图 7-10 准确规范的短视频脚本编写要求

图 7-11 所示的两个短视频画面，在笔者看来，它们的脚本就是不符合规范的。左边这个短视频标题为"命里缺钱"，并在输液管上打上了代表金钱的符号，这毫无疑问是带有拜金主义意味的；右侧的短视频展示的是一只脚踏在车头上系鞋带，还特意对豪车的 Logo 进行了展示，这便带有炫富的意味

了。我们可以想象得到，当用户看到这些哗众取宠的文字和画面时，对短视频创作者自以为幽默的内容，多少会有一些反感。

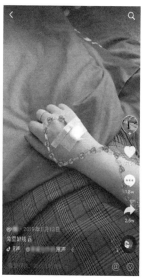

图 7-11　不符合规范的脚本

短视频的制作是以脚本为基础的，脚本规范了，制作出来的短视频也就规范了。规范的脚本信息更能够被用户理解，短视频的传播效果也会更好，从而为品牌主节省产品的相关资金投入和人力资源投入等，并创造更好的效益。

7.2.2　围绕热点打造内容

热点之所以能成为热点，就是因为有很多人关注，把它给炒热了。而一旦某个内容成为热点，许多人便会对其多一分兴趣。所以，在编写脚本的过程中如果能够围绕热点打造内容，那么打造出来的短视频就能更好地吸引用户。

2020 年 3 月，随着电视剧《安家》的热播，与该剧相关的短视频受到许多用户的欢迎。正是因为如此，许多运营者围绕该电视剧编写脚本，并打造了相关内容的短视频，如图 7-12 所示。

果然，这些短视频发布之后，短期内便吸引了大量用户关注。相关短视频的多项数据也创造了短视频账号数据的新高。由此便不难看出，围绕热点打造内容对短视频宣传推广是有助益的。

图 7-12　围绕热点打造的短视频

7.2.3　定位内容以精准营销

在编写脚本时，短视频运营者应该做好内容定位，从而精准地进行营销。我们以图 7-13 所示的女装的广告文案为例进行说明。

图 7-13　女装广告文案

这个广告文案的成功之处就在于它的内容定位非常精准，明确地指出目标消费者是微胖女生，从而快速吸引大量精准用户。短视频运营者在编写脚本时，要想做到内容定位精准，可以从 4 个方面入手，如图 7-14 所示。

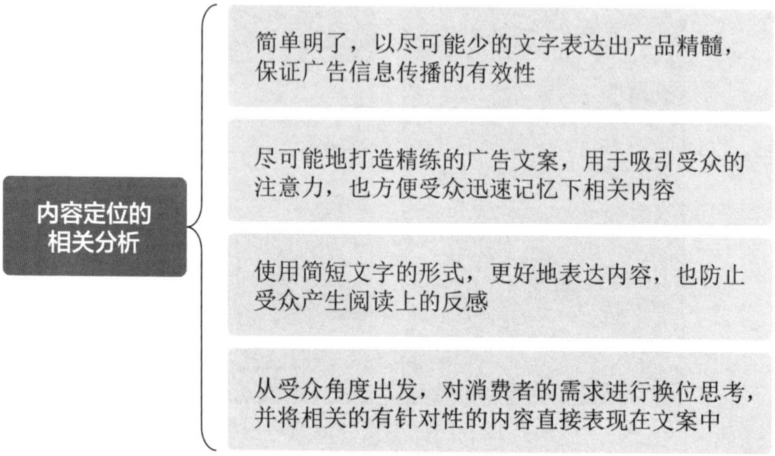
内容定位的相关分析
简单明了，以尽可能少的文字表达出产品精髓，保证广告信息传播的有效性
尽可能地打造精练的广告文案，用于吸引受众的注意力，也方便受众迅速记忆下相关内容
使用简短文字的形式，更好地表达内容，也防止受众产生阅读上的反感
从受众角度出发，对消费者的需求进行换位思考，并将相关的有针对性的内容直接表现在文案中

图 7-14　内容定位的相关分析

7.2.4　个性表达赢得关注

个性化的表达，能够加深用户的第一印象，让用户看一眼就能记住短视频内容。图 7-15 所示的短视频，便是通过个性化的文字表达来赢得用户关注的。

抬头要挺胸
走路要带风
生得再平凡
也是限量版

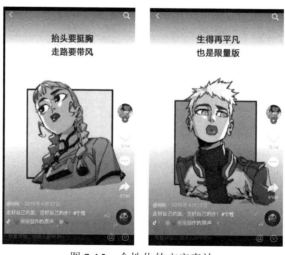

图 7-15　个性化的文字表达

对于运营者而言，每一条优质的短视频在最初都只是一张白纸，需要创作者不断地在脚本中添加内容，才能够最终成型。而一条个性化的短视频则可以通过清晰的别样表达，在吸引用户关注、让用户快速接收内容的同时，激发用户对相关产品的兴趣，从而促进产品信息的传播，提高产品的销售量。

7.2.5　运用创意留下印象

创意对于任何行业来说都十分重要，尤其是在网络信息极其发达的社会中。创新性强的内容往往能够让人眼前一亮，进而获得更多的关注。图 7-16 所示为两个关于手机壁纸的短视频。这两个短视频中的手机壁纸，创意十足，让人看完之后就能留下深刻的印象。

图 7-16　创意十足的新媒体文案

创意是为短视频主题服务的，所以必须与主题有着直接关系，而不能生搬硬套、牵强附会。在常见的优秀案例中，文字和图片的双重创意往往比单一的创意更能够打动人心。

短视频要想突出相关产品和内容的特点，还得在保持创新的前提下通过多种方式编写出更好的脚本。具体来说，脚本应符合 8 个方面的要求，即词语优美、方便传播、易于识别、内容流畅、契合主题、易于记忆、符合氛围和重点突出。

7.3 短视频脚本编写的禁区

打造优质的短视频并非易事，不少短视频运营者和文案编辑在创作短视频脚本时，往往因为没有把握住编写的重点而写出失败的脚本。下面就盘点一下短视频脚本编写过程中需要注意的六大禁忌事项。

7.3.1 中心不明确

有的创作者在编写脚本时，喜欢兜圈子，可以用一句话表达的意思非要反复强调。这样的脚本打造出的短视频，不但内容可看性会大大降低，还可能令用户反感。尽管短视频文案是广告的一种形式，但是它追求的是"润物细无声"，在无形中将所推广的信息传达给目标客户，所以过度地说空话、绕圈子，会有吹嘘之嫌。

此外，短视频文案的目的是推广，因而编写脚本时就应当有明确的主题和内容焦点，并围绕该主题和焦点进行文案创作。然而，有的运营者在编写脚本时乱侃一通，写出来的文案偏离主题和中心，导致用户看完短视频后一头雾水。这样一来，短视频的营销力也就大打折扣。

图 7-17 所示为某运动品牌广告文案的部分内容，笔者只是在原文案的基础上去掉了品牌 Logo。从这个处理后的文案中，你能看出这是哪个品牌的营销文案吗？相信绝大部分受众是看不出来的。

图 7-17　某运动品牌广告文案的部分内容

广告文案的主要目的是营销，而如果在一个文案中看不到品牌，也看不到任何营销推广的意图，那么这就是一则中心主题不明确的文案。这种文案是创作脚本时需要避免的。

7.3.2　求全不求精

短视频文案无须很有特点，只需要有一个亮点即可，这样才不会显得杂乱无章，并且更能扣住核心。

如今，很多短视频文案在传达某一信息时，看上去就像记"流水账"一般，毫无亮点，这样的文案其实根本就没有太大的价值，并且内容较多，往往又会导致可看性大大降低，让用户看完后仍觉得不知所云。

不管是怎样的文案，都需要选取一个细小的点来展开脉络，通过一个亮点将内容的主题聚合起来，形成较高的价值。因此，在短视频脚本的编写过程中，短视频运营者需要做的就是找到产品或内容中突出的亮点，然后围绕这个亮点来打造短视频内容。

图 7-18 所示为某运动鞋的短视频广告。该视频通过一个天平来比较该运动鞋和生活中的物品的重量，结果就是该运动鞋比很多物品的重量都要轻。很显然，这条短视频就是围绕该运动鞋重量很轻这个亮点来打造内容的。

图 7-18　围绕一个亮点打造内容

7.3.3　有量没有质

短视频比其他营销方式成本低，成功的短视频也有一定的持久性。一般来说，短视频成功发布后就会始终存在，除非发布的那个网站倒闭。当然始终有效，并不代表马上就能见效，于是有的运营者一天内编写几十个短视频脚本，并把根据脚本打造的短视频发布到短视频平台上。

要注意的是，短视频营销并不是靠数量就能取胜的，更重要的还是质量，一个高质量的短视频胜过十几个一般的。但许多运营者为了保证推送的频率，宁可发一些质量相对较差的短视频。

比如，有的抖音号，几乎每天都会发布短视频，但是，自己的原创内容却很少。而这种不够用心的推送策略，所导致的后果往往就是内容发布出来之后却没有多少人看。

除此之外，还有部分短视频运营者仅仅将内容的推送作为自己要完成的任务，只是想着要按时完成，而不注重内容是否可以吸引到目标用户。甚至有的运营者会将文案内容完全相同的短视频进行多次发布。这类短视频，质量往往没有保障，并且点赞量、评论量等数据也会比较低，如图 7-19 所示。

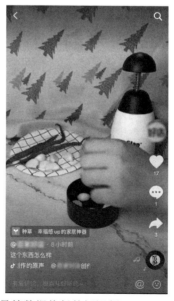

图 7-19　点赞量、评论量等数据偏低的短视频

运营者如何避免短视频脚本"求量不求质"的问题？办法有两个。

第一，加强学习，了解短视频营销的流程，掌握文案撰写的基本技巧，通过技巧的运用保证内容的质量。

第二，聘请专业的短视频文案撰写团队，以确保文案的高质量。

7.3.4 出现各种错误

众所周知，报纸杂志在出版之前，都要经过严格审核，保证文章的正确性和逻辑性，涉及重大事件或是国家领导人的内容尤其要严审，否则，一旦出错就需要追回重印，损失巨大。文案常见的书写错误包括文字、数字、标点符号以及逻辑错误等。短视频运营者在编写短视频脚本时必须严格校对，防范风险。

（1）文字错误。文案中常见的文字错误包括名称错误，例如，企业名称、人名、商品名称、商标名称等。对于文案尤其是营销文案来说，错别字可能会影响其传播效果。

图 7-20 所示的两个短视频，文案中便出现了多个错别字。这很容易让用户觉得你在制作短视频文案时不够用心。

图 7-20 多次出现文字错误的文案

（2）数字错误。参考国家《关于出版物上数字用法的试行规定》《国家标准出版物上数字用法的规定》及汉语数字使用的有关要求。数字使用有三种情况：一是必须使用汉字；二是必须使用阿拉伯数字；三是汉字和阿拉伯数字都可用，但要遵守"保持局部体例上的一致"这一原则。

例如，"1年半"，应为"一年半"，"半"也是数词，"一"不能改为"1"。再如，夏历月日误用阿拉伯数字："8月15中秋节"应改为"八月十五中秋节"；"大年30"应改为"大年三十"；"丁丑年6月1日"应改为"丁丑年六月一日"。还有一类常见的错误就是世纪和年代误用汉字数字，如"十八世纪末""二十一世纪初"，应写为"18世纪末""21世纪初"。

此外，较为常见的还有数字丢失，如"中国人民银行2018年第一季度社会融资规模增量累计为5.58亿元"。我们知道，一个大型企业每年的信贷量都在几十亿元以上，整个国家的货币供应量怎么才"5.58"亿元？所以，根据推测应该是丢失了"万"字，应为"5.58万亿元"。

（3）标点错误。无论是在哪一类内容中，标点符号错误都是应该尽量避免的。在文案中，常见的标点错误包括以下几种。

一是引号用法错误。这是标点符号使用中错得最多的。不少文案中的单位、机关、组织的名称，以及产品名称、牌号名称等都用了引号。其实，只要不发生歧义，名称一般都不用引号。

二是书名号用法错误。证件名称、会议名称（包括展览会）不用书名号。但有的文案不论名称长短，把所有的证件名称都用了书名号，这是不合规范的。

三是分号和问号用法常见错误。这也是标点符号使用中错得比较多的。主要是简单句之间用了分号，不是并列分句，不是"非并列关系的多重复句第一层的前后两部分"，不是分行列举的各项之间，都使用了分号，这些用法是错误的。

还有的两个半句，合在一起构成一个完整的句子，但中间也用了分号。有的句子已很完整，与下面的句子并无并列关系，该用句号，却用成了分号。这些用法也都是不对的。

（4）逻辑错误。所谓逻辑错误是指文案的主题不明确，全文逻辑关系不清晰，存在语意与观点相互矛盾的情况。

7.3.5　脱离市场情况

短视频内容多是关于企业产品和品牌的，由于这些产品和品牌处于具体市场环境中，其所针对的目标也是处于市场环境的具有个性特色的消费者，因此，我们在编写短视频脚本时，必须进行市场调研，了解具体的产品、市场和消费者情况。

只有这样才能写出切合实际、能获得消费者认可的文案。那么，应该怎样做，才能充分了解产品？具体分析如图 7-21 所示。

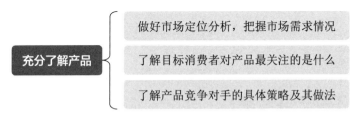

图 7-21　充分了解产品的相关分析

除了了解产品，文案还应该迎合消费者的各种需求，关注消费者的感受。营销定位大师特劳特曾说过："消费者的心是营销的终极战场。"那么我们编写短视频脚本时，应该研究消费者的哪些心理需求并将这些需求体现在文案中呢？具体内容如下。

（1）安全感。人是趋利避害的，获得内心的安全感是最基本的心理需求，把产品的功用和安全感结合起来，是说服客户的有效方式。

比如，新型电饭煲的平台销售文案说，这种电饭煲在电压不正常的情况下能够自动断电，能有效防范用电不安全问题。这一要点对于关心电器安全的家庭主妇一定是个攻心点。

（2）价值感。得到别人的认可会有一种自我价值实现的满足感。将产品与实现个人的价值感结合起来可以打动客户。脑白金之所以能打动消费者，让消费者愿意掏钱，正是因为让消费者获得了孝敬父母的价值感。

例如，销售豆浆机的文案可以这样描述："当孩子们吃早餐的时候，他们多么渴望不再去街头买豆浆，而喝上刚刚榨出来的纯正豆浆啊！当妈妈将热气腾腾的豆浆端上来的时候，看着手舞足蹈的孩子，哪个妈妈会不开心呢？"一种做妈妈的价值感油然而生，会激发妈妈们的购买意愿。

（3）支配感。"我的地盘我做主"，每个人都希望获得一种支配感，即获得对自己生活的一种掌控感。让受众获得支配感，是我们在短视频脚本编写过程中要考虑的出发点。

（4）归属感。归属感实际就是带有同类标签的人一种心理感受。无论是成功人士、时尚青年，还是小资派、非主流人士，每个标签下的人的生活方式都有一定的特色，他们使用的商品、他们的消费都表现出一定的特征。

因此，我们在编写脚本时，要在文案中凸显标签特征，从而让拥有同类标签的受众获得归属感。比如，针对追求时尚的青年，销售汽车的文案可以写："这款车时尚、动感，改装也方便，是玩车一族的首选。"针对成功人士或追求成功的人士，可以写："这款车稳重、大方，开出去见客户、谈事情比较体面。"

7.3.6　不能长期坚持

短视频营销的确需要通过发布短视频来实现，如果把短视频运营比作一顿丰盛的午餐，那么短视频的干货内容就是基本的食材，脚本的编写是食材的相互组合和制作，短视频的发布就是餐盘的呈现顺序和摆放位置。

短视频营销不仅仅是文案的发布这一个动作，还需要在编写脚本时就制定一个整体的策划方案。这个方案包括根据企业的行业背景和产品特点策划的文案，以及根据企业的市场背景做的短视频发布方案。关于短视频文案的策划流程，具体介绍如图7-22所示。

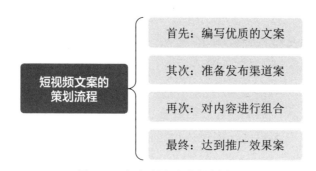

图 7-22　短视频文案的策划流程

对于短视频的发布方案，每个运营者都有自己的想法。有的人一天发好几个短视频，天天发；但也有的人一个月，甚至几个月才发一次。笔者了解到，部分运营者认为，运营短视频账号的主要作用还是塑造品牌和店铺的口碑，短视频能够直接带来的客户是比较有限的。因此，这部分人发布短视频的频率通常都比较低。

其实，短视频营销是一个长期过程，别想着只发一条短视频就能带来多少流量，带来多么大的效益。所以，做短视频营销不能"三天打鱼，两天晒网"，今天发十个，下个月想起来了再发几个。而应该坚持脚本的编写和短视频的制作，通过长期运营，获得更多用户的关注。

图 7-23 所示为某个账号中发布的两条短视频。虽然这两条是该账号发布的最新短视频，但是，距离笔者写稿之日也有几个月了，而这两条短视频之间也间隔了两个多月。很显然，这个账号的运营者没有长期坚持做运营。在这种情况下，该账号发布的内容只能被少数人关注，要想积累粉丝、提高产品的销售量自然也就比较难了。

图 7-23　没有长期坚持运营的短视频账号

短视频营销，从实质上来说，并不一定能直接促成成交，但长期有规律地发布短视频可以提升企业和店铺品牌形象，提高潜在客户的成交率。所以，要想让短视频营销对受众产生深刻的影响，还得长期坚持编写脚本和推送短视频。

潜在用户一般是通过广告认识企业，但最终让他们决定购买的往往是短视频的长期催化，当用户长期见到这个品牌的短视频时，不知不觉间就会记住它，潜意识里会形成对其的好印象，最后当用户需要相关产品时，就会购买了。

因此，运营短视频账号，应长期坚持编写脚本和发布短视频。"坚持就是胜利"，对于短视频营销而言，并不只是说说而已，它要求短视频运营者去具体执行。在坚持短视频运营这件事上，有两个方面值得运营者注意：一是方向的正确性，二是思想与行动的持续性。

（1）方向的正确性。只有保证方向的正确性，才不会出现与目标南辕北辙的情况，才能尽快地实现营销目标。在短视频营销中，方向的正确性具体可表现在对市场大势的正确判断和营销技巧、方式的正确选择上。

（2）思想与行动的持续性。在短视频营销过程中，运营者必须在心态上保持不懈怠、在行动上继续坚持，只有这样才能更好地获得成功。总之，运营者要想获得预期的短视频营销效果，长久、坚持不懈的运营是不可或缺的。

/第/8/章/

情节设计：脑洞够大，善于挖掘热梗

📖 学前提示

情节是短视频内容的重要组成部分。许多用户之所以喜欢刷短视频，主要就是因为许多短视频的情节设计得足够吸引人。

那么如何进行短视频情节的设计呢？笔者认为这需要足够大的脑洞，以及善于挖掘热梗的能力。具体来说，短视频运营者可以重点从故事剧本设计和抓住用户的心理这两个方面进行思考。

📖 要点展示

⊙ 故事剧本：设计戏剧性的短视频情节

⊙ 抓住用户的心理，提高短视频的浏览量

8.1 故事剧本：设计戏剧性的短视频情节

相比一般的短视频，那些带有情节的故事类短视频往往更能吸引用户，让用户有兴趣看完整条短视频。当然，绝大多数短视频的情节都是设计出来的，那么，如何通过设计，让短视频的情节更具有戏剧性、更能吸引用户呢？这一节，笔者就来给大家介绍 8 种方法。

8.1.1 内容定位清晰，加强人设特征

在短视频账号的运营过程中，运营者要对短视频内容进行准确的定位，即确定该账号侧重于发布哪方面的内容。内容定位完成后，运营者可以根据定位打造相关内容的短视频，并通过短视频来加强人设的特征。

人设就是人物设定，简单来说，就是给人物贴上一些特定的标签，让用户可以通过这些标签准确地把握人物的某些特征，进而让人物形象在用户心目中留下深刻的印象。

图 8-1 所示的短视频中，小偷偷钱包时被大妈看到了。大妈将原因解释为小偷太冷了，想要伸手去取暖，于是就给他披上了一件大衣。小偷知道自己偷钱包的行为被大妈看到了，落荒而逃。过了一会儿，大妈又碰到小偷在偷钱包，便用各种看似"善意"的方式让小偷感受"温暖"。于是，小偷在被大妈看到了几次之后，一看见大妈就跑，而大妈就骑着电动车在后面追，还表示："这样跑着就不会冷了。"

这个账号经常会发布一些短视频来加强大妈"乐于助人"（实质是用智慧应对现实中的不平之事）的形象，让用户牢牢记住了短视频中幽默、善良又充满智慧的大妈。很显然，这个账号便是通过清晰的内容定位，来加强大妈的人设特征的。

图 8-1　通过定位加强人设特征

8.1.2　让人措手不及，设计反转剧情

如果刚看到你的短视频开头，就能猜到结尾，那么用户就会觉得这样的短视频没有可看性，甚至有的用户看到这一类视频时，只看了开头就没有兴趣看下去了。

相比这种看了开头就能猜到结尾的短视频，那些设计了反转剧情的短视频内容，打破了人们的惯性思维，往往会让人觉得眼前一亮。

图 8-2 所示的短视频中，一个女孩在回答"一个男孩喜欢一个女孩要怎么做"时，先是说了男孩需要做的事，如好好学习、努力工作、买车买房、拿着钻戒去找女孩等。正当大家都以为男孩这样做就能俘获女孩的芳心时，却没想到，这个女孩却说："等做完这些找到女孩时，女孩的孩子都已经两岁了。"

图 8-2 所示的短视频，之所以能够吸引许多用户的关注，并获得大量的点赞和评论，主要是因为这个短视频中设计了反转剧情，用户在看到让人措手不及、意想不到的剧情时，觉得内容安排得十分巧妙，并忍不住想要为短视频点赞。

图 8-2　设计反转剧情的短视频

8.1.3　写得了段子，设计幽默搞笑剧情

许多用户之所以要刷短视频，就是希望从短视频中获得快乐。基于这一点，短视频运营者要写得了段子，通过剧情幽默搞笑的短视频，让用户从中获得快乐。

图 8-3 所示的短视频中，一个小孩在打篮球时，不小心把篮球卡在篮筐上了。小孩想要用自己的拖鞋把篮球打下来，路过的一名男子看到了，主动上前帮忙。他把小孩的两只拖鞋都丢了上去，不仅没有把篮球打下来，还把小孩的鞋子都卡在了篮筐上。看到这种情况，该男子便想用自己穿着的鞋子把篮球和小孩的鞋子打下来，谁知男子的鞋子也卡在了篮筐上。

图 8-3　热门搞笑的短视频

许多用户都会觉得这个短视频非常幽默、搞笑，因此，看完之后都不禁会心一笑，为短视频的剧情点赞。

8.1.4　耍得了套路，设计狗血剧情

在设计短视频剧情时，运营者可以适当地运用一些套路，更高效地制作短视频内容。短视频剧情设计的套路有很多，其中比较具有代表性的一种就是设计狗血剧情。

狗血剧情简单来说就是被反复模仿翻拍、受众司空见惯的剧情。虽然这种剧情通常都有些烂大街了，但是，既然它能一直存在，就说明它还是能够为许多人接受的。而且有的狗血剧情在经过一定的设计之后，还会让人觉得别有一番风味。因此，设计狗血剧情，对于运营者来说有时也不失为一种不错的选择。

图8-4所示的短视频中，一个女孩因为前男友回来了，她对前男友还有情，于是和短视频中的男主角提出了分手。就在女孩和前男友离开之后，男主收到了一个快递。原来他买了一枚戒指，想要和女孩结婚，却没想到还没等到用戒指求婚，女孩就离开了。

图 8-4　设计狗血剧情的短视频

像这种女孩没有忘记前男友，跟前男友破镜重圆，而现男友还来不及表达一辈子在一起的意愿的剧情，可以算得上是司空见惯的狗血剧情了。但这条视频却吸引了许多用户的关注，由此便不难看出，这种设计了狗血剧情的短视频依然是有一定市场的。

8.1.5　谈得了时事，结合网络热点资讯

为什么许多人都喜欢看各种新闻？这并不一定是因为看新闻非常有趣，而是因为大家能够从新闻中获取时事信息。基于这一点，运营者在制作短视频时，可以适当地加入一些网络热点资讯，让短视频内容满足用户获取时事信息的需求，增加短视频的实时性。

例如，有新闻媒体对天价彩礼进行了痛批，一时之间关于天价彩礼的问题成了网络热点。正是因为如此，许多运营者结合该网络热点资讯设计了短视频剧情，如图 8-5 所示。

图 8-5　结合网络热点资讯的短视频

从图 8-5 不难看出，这种结合网络热点资讯打造的短视频内容，推出之后就能迅速获得部分用户的关注。这主要是因为：一方面用户需要获得有关的热点资讯；另一方面这些热点资讯与其有相关性，用户在看到时，会更有点击查看的兴趣。

8.1.6　扯得了花边，利用娱乐新闻

娱乐新闻，特别是关于明星、名人的花边消息，很容易快速吸引许多人的关注。这一点很好理解，毕竟明星和名人都属于公众人物，平时一举一动都受到很多人关注。一旦某位明星或名人的花边消息被曝了出来，自然能快

速吸引许多人的目光。

基于这一点，运营者在制作短视频的过程中，可以适当结合明星和名人的花边消息打造短视频剧情，甚至可以直接制作一个完整的短视频对该花边消息的相关内容进行具体解读。

图 8-6 所示为利用娱乐新闻的短视频，因为其中出现的人物都属于公众人物，所以发布之后，很快就引来了许多用户围观，而这两条短视频也迅速成为热门短视频。

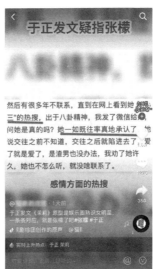

图 8-6　利用娱乐新闻的短视频

 ## 8.2　抓住用户的心理，提高短视频的浏览量

运营者要想让自己的短视频吸引用户的目光，就要知道用户想的是什么，只有抓住用户的心理才能提高短视频的浏览量。本节，笔者将介绍满足用户的哪些心理需求可以提高短视频的吸引力。

8.2.1　满足用户猎奇的心理需求

一般来说，大部分人对那些未知的、刺激的东西都会有一种想要去探索、了解的欲望。所以运营者在制作短视频的时候就可以抓住用户的这一特点，让内容充满神秘感，满足用户猎奇的心理需求，这样就能够获得更多用户的关注。关注的人越多，短视频被转发的次数就会越多。

这种能满足用户猎奇的心理需求的短视频的标题，通常都带有一点神秘感，让人觉得看了短视频之后就可以了解事情的真相。图 8-7 所示为能满足用户猎奇的心理需求的短视频。

图 8-7　能满足用户猎奇的心理需求的短视频

能抓住用户猎奇心理的短视频标题中常常会设下悬念，以引起用户的注意和兴趣。又或者，短视频标题里出现的东西都是用户在日常生活中没见过、没听过的新奇事物，只有这样，用户在看到标题之后，才会想要去查看短视频的内容。

像这样的具有猎奇性的短视频，其本身并不一定就很稀奇，而是在制作的时候，抓住了用户喜欢或者比较好奇的视角来展开，这样用户在看到之后才会有想要查看短视频具体内容的欲望和想法。

8.2.2　满足用户学习的心理需求

有一部分人在浏览网页、手机上的各种新闻、文章的时候，抱有可以通过浏览学到一些有价值的东西、拓宽自己的知识面、提升自己的技能等目的。

因此，运营者在制作短视频的时候，就可以将这一因素考虑进去，让短视频内容给用户一种能够满足其学习需求的感觉。

能满足用户学习需求的短视频，在标题上就体现出其内容所蕴藏的价值，如图 8-8 所示。

图 8-8　满足用户学习的心理需求的短视频

用户平时刷短视频的时候并不是没有目的性的，他们在刷短视频的时候往往是想要获得点什么的。而这类"学习型"的短视频，就很好地考虑到了用户的这一特点。

在标题里就体现出短视频文案的学习价值，这样一来，当用户看到标题的时候，就会抱着"能够学到一定知识或技巧"的心态来点击查看短视频内容。

8.2.3　满足用户感动的心理需求

大部分人都是感性的，容易被情感所左右。这种感性不仅体现在真实的生活中，还体现在他们看短视频时也会倾注自己的感情。这也是很多人看有趣的短视频会捧腹大笑、看感人的短视频会心生怜悯甚至不由自主落泪的一个原因。

一个成功的短视频文案，需要做到能满足用户感动的心理需求，打动用户，引起用户的共鸣。

短视频文案要想激发用户的"感动"心理，就要精心选择那些容易打动用户的话题或者内容。

所谓能够感动用户，其实也就是对用户进行心灵情感上的疏导或排解，从而达到让用户产生共鸣的效果。图8-9所示的短视频就是能满足用户感动心理需求的。

图8-9 满足用户感动的心理需求的短视频

用户被短视频感动，往往是从中看到了世界上美好的一面，或者是看到了自己的影子。人的情绪是很容易被调动的，喜、怒、哀、悲等是人最基本的情绪，也是最容易被调动的情绪。只要短视频的制作从人的内心情感或是内心情绪出发，那么，就很容易激发用户查看短视频内容的兴趣。

8.2.4 满足用户渴望安慰的心理需求

在忙碌、压力巨大的现代社会，大部分人都为了自己的生活在努力奋斗，漂泊在异乡，他们与身边人的感情都是淡淡的，在生活中、工作上遇见的糟心事也无处诉说。渐渐地，很多人养成了从短视频中寻求关注与安慰的习惯。

短视频是一个能包含很多东西的载体，它有很多特点，比如无需花费太多金钱，或者无须花费过多脑力，所以是一种很"平价"的东西。因为短视频里面所包含的情绪大都能够包含众多人的普遍情况，所以用户在遇到有心灵情感上的问题的时候，也更愿意去刷短视频来舒缓压力或是情绪。

现在很多点击量高的情感类短视频就是抓住了用户的这一心理，通过能够感动用户的内容来提高短视频的热度。许多用户想要在短视频中得到一定的心灵抚慰，从而更好地投入生活、学习或者工作。当他们看见那些传递温暖、含有关怀意味的短视频时，自身也会产生一种被温暖、被照顾、被关心的感觉。

因此，运营者在制作短视频文案的时候，便可多用一些能够温暖人心、给人关注与关怀的内容，抚慰用户的心灵。注意，一定要真正发自肺腑地传递情感不要让用户有被欺骗的感觉。

图 8-10 所示的两条短视频，就是通过情感的传递来满足用户的心理需求，抚慰用户的心灵。

图 8-10　满足用户渴望安慰的心理求的短视频

8.2.5　满足用户消遣的心理需求

现如今，大部分人有事没事都会掏出手机看看，刷刷短视频，逛逛淘宝，浏览微信朋友圈，以满足自己的消遣心理。

一部分人会点开短视频平台上各种各样的短视频，消磨闲暇时光、给自己找点娱乐项目。那些内容搞笑、幽默的短视频会比较容易满足用户的消遣心理需求。

图 8-11 所示的短视频中，主角明明是一个小孩，但是，这个小孩却像一个对针线活十分娴熟的老太太一样，认真地在纳鞋垫。这一举动与孩子的年纪有很大反差，但孩子却做得有模有样。因此，许多用户看后不禁会心一笑。这个短视频就很好地满足了用户消遣的心理需求。

图 8-11　满足用户消遣的心理需求的短视频

人们在繁杂的工作或者琐碎的生活中，需要找到一点能够放松自己和调节自己情绪的事物，也就是需要找一些消遣。而能够使人们从生活、工作中暂时跳脱出来的娱乐搞笑的短视频，大都能够让人们会心一笑，使人们的心情变得好一些。

运营者在制作短视频的时候，要从标题上就能让用户觉得很轻松，让用户看到标题的趣味性和幽默性。所以这样的标题通常都带有一定的搞笑成分，或者是轻松娱乐的成分。只有这样的短视频才会让用户看完后心情变好。

8.2.6　满足用户怀旧的心理需求

"80 后""90 后"在逐渐成为社会中坚力量的同时，也开始产生了怀旧情结，时常追忆以往的岁月。看见了童年的一个玩具娃娃、吃过的食品，他们都会忍不住感叹一下，发出"仿佛看到了自己的过去"的感慨。

人们普遍喜欢怀旧是有原因的，小时候无忧无虑、天真快乐，而长大之后就会面临各种各样的问题，也要面对许许多多复杂的人，每当人们遇到一些糟心的事情的时候，就会想起小时候的简单纯粹。人们喜欢怀旧还有另外一个原因，那就是时光。所谓"时光一去不复返"，对于已经逝去的时光，人们都会格外地想念，所以也就开始怀旧了。

几乎所有的人怀旧的对象都是自己小的时候，小时候的朋友、亲人、吃喝玩乐，这也就造就了"怀旧风"。而很多短视频运营者也看到了这方面的"大势所趋"，制作了许多"怀旧"的短视频。对于短视频运营者和广大的用户来说，这些怀旧的短视频都是一个很好的追寻过去的媒介。

人们对那些追忆过往的短视频会禁不住想要点进去看一眼，看看能不能找到自己童年的影子。所以运营者可以制作一些能引起人们追忆往昔情怀的短视频，满足用户怀旧的心理需求。

能满足用户怀旧的心理需求的短视频内容，通常都会展示一些关于童年的回忆，比如展示童年玩过的一些游戏，如图 8-12 所示。

图 8-12　满足用户怀旧的心理需求的短视频

图 8-12 所示的就是能满足用户怀旧的心理需求的短视频案例。在这些案例中，使用过去的事或物来引发用户内心"过去的回忆"。越是在怀旧的时候，人们越是想要看看过去的事物，运营者正是抓住了用户的这一心理，进而吸引用户查看短视频内容。

8.2.7 满足用户利己的心理需求

人们总是会在跟自己有关的事情上多上点心，对关系到自己利益的消息多点注意，这是很常见的一种行为。满足用户利己的心理需求其实就是指满足用户关注与自己相关事情的行为的心理需求。

运营者在制作短视频的时候就可以抓住人们的这一需求，通过打造与用户相关的短视频内容来吸引用户的关注。

但是需要注意的是，如果想要通过这种方式吸引用户，那么短视频中的内容就要是真正与用户的实际利益有关的，不能一点实际价值都没有。

因为，如果每次借用户利己的心理需求来引起用户的兴趣，可实际却没有满足用户的需求，那么时间长了，用户就会对这种短视频产生免疫。久而久之，用户不仅不会再看类似的短视频，甚至还会反感。

图 8-13 所示就是能满足用户利己的心理需求的短视频文案，它能引起用户的兴趣，从而提高用户点击查看的意愿。

图 8-13　满足用户私心心理需求的短视频

凡是涉及用户自身利益的事情，用户就会很在意。这也告诉运营者，在制作短视频的时候，要抓住用户的这一"利己"心理，在短视频的标题上就要将他们的目光吸引过来。

话术攻略篇

吸粉话术：引爆流量，吸引粉丝关注

🐭 **学前提示**

　　吸粉引流一直以来都是短视频账号运营的重点和难点。那么在短视频账号的运营过程中，要如何吸粉引流呢？

　　本章笔者将从 3 个方面展开论述，帮助大家快速引爆流量，吸引大量粉丝的关注。

🐭 **要点展示**

- ◉ 掌握短视频引流方法，涨粉效率提升一倍
- ◉ 打造私域流量池，实现流量的快速聚合
- ◉ 引流吸粉话术：软化植入，避免硬广告

9.1　掌握短视频引流方法，涨粉效率提升一倍

短视频引流方法很重要，只要方法找对了，涨粉效率就可以成倍提升。这一节，笔者就为大家介绍 6 种短视频引流的方法。

9.1.1　引出痛点话题，引导用户参与讨论

运营者可以在短视频中通过话术引出痛点话题，这一方面可以引导用户针对该问题进行讨论，另一方面如果短视频中解决了痛点，那么，短视频内容对于有相同痛点的用户就是有用处的。而对于对自己有用处的短视频内容，用户也会更愿意点赞、转发。这样一来，短视频的引流能力就会快速获得提升。

图 9-1 所示的短视频中，运营者通过话术引出图片去水印比较麻烦这个痛点，并针对这个痛点制作了 PS 水印清除技巧合集的短视频。

图 9-1　根据痛点话题制作解决痛点的短视频

对于需要进行图片处理的人群来说，去除图片上的水印无疑是一大痛点：一方面图片上有水印不好看，必须要将水印去除；另一方面水印的种类很多，

有些水印凭借自己目前的能力是没有办法完全去除掉的。

因此，看到去除水印的短视频时，这部分人群就会比较感兴趣，甚至会在短视频评论区进行讨论。而该短视频又提供了多种去除水印的方法，所以大部分有去除图片水印需求的用户都会觉得该短视频的内容非常实用。

9.1.2 一起聊聊家常，和用户成为好朋友

家常就是家庭的日常生活。每个人都有自己的生活，同时，大多数人的日常生活又有着相似之处。当运营者将自己的家常展示给用户时，许多用户就会在短视频评论区一起和短视频运营者聊家常。

另外，如果运营者在短视频中展示的家常与用户的家常有着相似之处，用户就会感同身受，甚至会因此而与运营者成为好朋友。

家常包含的范围很广，除了柴米油盐酱醋茶这些生活中的必需品之外，孩子的教育话题也属于家常的一部分。而且因为孩子的教育对于一个家庭来说非常关键，所以与这个话题相关的内容往往能快速吸引用户的关注。

也正是因为如此，部分运营者便将与孩子教育相关的日常拍摄成了短视频。图 9-2 所示为一个父母指导孩子写作业的短视频。

图 9-2　父母指导孩子写作业的短视频

在这个短视频中，孩子的父母在旁边看着，不用指导孩子时能心平气和

地说话，但是，当指导孩子写作业一段时间之后，脾气在不知不觉中就变得暴躁了，甚至对着孩子吼了起来。

因为短视频中话术的引导，再加上短视频的内容展示，所以许多需要指导孩子写作业的用户看完短视频后都深有感触，似乎只要指导孩子写作业，就能把人气得跳起来。因此，用户会觉得短视频中的父母是同道中人，也正是因为如此，用户在看到该短视频之后，会与运营者交流指导孩子的感受。而随着交流的深入，运营者与用户在不经意间就成了好朋友。

9.1.3　主动发私信给用户，展示你的热情态度

私信是许多短视频平台中用于沟通的一种重要工具。当我们需要与他人进行一对一沟通时，便可以借助私信功能来实现。对于运营者来说，私信能够表达自身对用户的态度。当运营者主动发私信给用户时，便可以让用户感受到自身的热情。

那么，如何给用户发私信呢？下面，笔者就以抖音短视频平台为例，讲解具体的操作步骤。

步骤01 打开"'抖音'短视频"App，进入个人主页界面。点击该界面下方的"消息"按钮，如图9-3所示。

步骤02 进入"消息"界面，在该界面中，点击左上方的"粉丝"按钮，选择对应的粉丝发私信。也可以从消息列表中选择对应的用户发送私信。以从消息列表中选择发私信的对象为例，只需点击需要发私信的用户在消息列表框中的对应位置即可，如图9-4所示。

步骤03 进入与用户沟通的界面，可以看见以往沟通的消息。短视频运营者只需在该界面中输入相关消息，便可借助一定的话术，通过私信的方式将消息发送给用户，如图9-5所示。

在给用户发私信时，短视频运营者可以表达对用户的欢迎，也可以通过一定的话术，引导用户关注短视频账号，甚至可以引导用户添加运营者的联系方式。

如果短视频运营者能够主动发送私信，或者及时回答私信中提出的问题，那么用户就会感受到运营者的热情。而且如果运营者的私信内容中进行了适当地引导，用户还会主动关注对应的账号，或者添加对应的联系方式。运营者引流涨粉的目的自然就达到了。

图 9-3　个人主页界面

图 9-4　"私信"界面

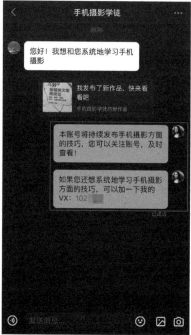

图 9-5　与用户沟通的界面

9.1.4 分享某种技能，提高短视频价值含量

虽然许多用户刷短视频的一个原因是从中收获快乐，但是，单纯的搞笑短视频，在博得用户一笑过后也不会再留下什么。因此，部分用户希望能从短视频中学到一些对自己有用处的知识、技能。

针对这一点，运营者可以根据自身的定位，在短视频中分享与定位相关的知识或技能，并运用相关话术进行说明，从而提高短视频的价值含量。如果你分享的知识和技能对短视频用户来说是有用处的，那么，你的短视频内容对于用户来说就是有价值的。而有价值的短视频的内容，更容易获得用户的关注。因此，随着短视频价值含量的提高，短视频对于用户的吸引力也会随之而增强。

图 9-6 所示短视频中，向用户展示了快速画星空的方法。很显然这就是通过分享技能，提高短视频价值含量来吸引用户关注。而许多用户对画星空的技能比较感兴趣，因此，该短视频迅速获得了大量流量。

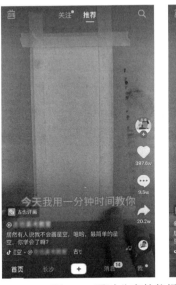

图 9-6 通过分享技能提高视频的价值含量

9.1.5 植入其他作品，引导用户深入了解

运营者在制作短视频的过程中，可以适当植入其他作品，如展示账号中已

发布的短视频。然后通过一定的话术，向用户介绍作品的相关信息。从而引导用户深入了解账号已发布的内容，提高账号中已发布内容的流量。

通常来说，在短视频中植入其他作品主要有两种方式。一种是在短视频中直接提及或者展示已发布的短视频，让感兴趣的用户看到短视频之后，主动查看植入作品的完整版。

另一种是借助短视频平台的相关功能，让已发布的作品成为新作品的一部分。例如，在抖音短视频平台中，可以通过如下步骤，将已发布的短视频作为素材植入新短视频中。

步骤 01 打开"抖音短视频"App，进入需要作为素材植入的短视频的播放界面，点击界面中的■■■按钮，如图 9-7 所示。

步骤 02 操作完成后，页面中会弹出一个列表框。点击列表框中的"合拍"按钮，如图 9-8 所示。

图 9-7　短视频播放界面　　　　图 9-8　点击"合拍"按钮

步骤 03 进入短视频拍摄界面，开始短视频的拍摄。此时，短视频将分为左右两部分呈现，左边是正在拍摄的内容，右边是合拍的短视频（即被作为素材植入的短视频内容），如图 9-9 所示。

步骤 04 完成拍摄之后，发布短视频。短视频发布之后，用户便可以从新发布的短视频中看到植入的短视频，如图 9-10 所示。而运营者通过植入短视频引导用户深入了解其账号的目的也就达到了。

图 9-9　短视频的合拍画面

图 9-10　新发布的短视频中可以
看到植入的短视频

9.1.6　首发背景音乐，吸引用户拍摄同款

短视频运营者需要充分发挥自身的优势，主动创造条件，为账号吸引更多的流量。作为短视频运营者，如果你本身是一位音乐人，便可以通过首发背景音乐的方式，并结合相应的话术吸引用户拍摄同款，从而让更多用户关注你的账号。当然，如果你创作的背景音乐足够优秀，有时候甚至不需要结合话术进行推广，也能获得许多用户关注。

例如，冯提莫是一名歌手，她在抖音上发布了许多自己的音乐作品。图 9-11 所示为冯提莫抖音个人主页的"音乐"板块的相关界面，可以看到上面便显示了她发布的一些音乐作品。

图 9-11　冯提莫抖音个人主页的"音乐"板块

　　用户点击图9-11中的█按钮，便可查看使用该音乐的短视频。例如，点击《佛系少女》后面的█按钮，即可查看所有使用了该音乐的短视频。而点击具体的短视频封面，则可以看到短视频播放界面的下方显示的音乐名称和演唱者，如图9-12所示。

图9-12　查看使用了《佛系少女》的短视频

　　另外，如果用户需要用该音乐拍摄短视频，可以在图9-11中点击该音乐对应的位置，会弹出"确定使用并开拍"按钮。用户只需点击该按钮，便可进入短视频拍摄界面，并且此时拍摄界面上方会显示"佛系少女"，如图9-13所示。

　　而短视频拍摄并发布之后，播放界面则会在"音乐人"一栏，显示"佛系少女 - @冯提莫"，如图9-14所示。

　　用户看到背景音乐显示的内容之后，就知道这个背景音乐是冯提莫的歌曲《佛系少女》。如果用户对这个背景音乐比较感兴趣，可能就会查看冯提莫的抖音号及其发布的短视频。这样一来，冯提莫便可获得一定的流量。

　　许多短视频平台对用户创作背景音乐还是比较支持的，这一点从短视频平台中部分功能就可以看得出来。例如，快手短视频平台中的"拍同款"功能就是直接使用他人短视频中的背景音乐。具体来说，在快手短视频平台中可以通过如下操作"拍同款"。

图 9-13 显示"佛系少女" 图 9-14 显示"佛系少女 -@ 冯提莫"

步骤 01 打开"快手短视频"App，进入短视频的播放界面，点击界面中的按钮，如图 9-15 所示。

步骤 02 操作完成后，在弹出的列表框中点击"拍同款"按钮，如图 9-16 所示。

图 9-15 点击按钮 图 9-16 点击"拍同款"按钮

步骤 03 操作完成后，进入短视频拍摄界面，在拍摄过程中，界面上方会显示背景音乐的名称，如图 9-17 所示。

步骤 04 短视频拍摄完成并发布之后，短视频的播放界面中的♫一栏，也会显示背景音乐的名称，如图 9-18 所示。

图 9-17　拍摄时显示背景音乐　　图 9-18　♫一栏显示背景音乐

 9.2 打造私域流量池，实现流量的快速聚合

在短视频账号的运营过程中，运营者可以借助一定的导流话术，打造私域流量池（即将短视频的公域流量引导过来，让用户成为你的粉丝和流量），实现流量的快速聚合。打造私域流量池的方法有很多，这一节笔者就选择其中的 5 种方法进行重点说明。

9.2.1　账号个人简介区导流

账号个人简介区，顾名思义，就是用来简单介绍账号的区域。虽然账号个人简介区主要用来做账号的简单介绍，但是，只要运用得当，它也能起到导流作用，帮助短视频运营者打造私域流量。

具体来说，作为短视频运营者，你可以在个人简介中用带有"关注"等字眼的话术，吸引用户关注你的账号。还可以在个人简介中展示个人微信号、QQ 号等联系方式，让用户主动成为你的好友、变成你的私域流量。

图 9-19 所示为抖音上某个账号的个人简介区，我们可以看到这个账号便通过引导关注和展示联系方式来进行导流，将用户变为私域流量。

图 9-19　某抖音账号的个人简介区

9.2.2　账号背景图片的导流

短视频平台中账号背景图片一般出现在个人主页的上方。对于许多短视频运营者来说，背景图片更多的是起到装饰账号主页的作用。其实，只要账号背景图片用得好，也是可以起到导流、打造私域流量池的作用的。

例如，可以将带有引导用户关注短视频账号的文字的图片作为背景图片，以引导用户关注账号。图 9-20 所示的账号背景图片，就用一张带有"是谁这么优秀想要关注我！"的字眼的图片来引导用户关注。

图 9-20　通过背景图片引导用户关注账号

当然，每个短视频账号想要达到的导流目的可能不尽相同，运营者可以根据自身的目的来制作和设置带有导流作用的账号背景图片。例如，想要引导短视频用户添加你在其他平台的账号，便可以在账号背景图片中展示该账号。

图 9-21 所示为快手某账号的个人主页，我们可以看到这个账号利用背景图片展示新浪微博账号主页，来引导快手用户关注她的微博账号。

图 9-21　通过背景图片引导用户关注其他平台的账号

9.2.3　短视频内容中的导流

短视频内容除了将重要信息传达给用户之外，还可以适当地导流，让用户关注账号，或添加运营者的联系方式。

图 9-22 所示为某短视频内容的两个画面，我们可以看到这个账号在短视频中用"关注我分享更多小技巧"的话术来吸引用户关注。

图 9-22　通过短视频内容引导用户关注

当然，在通过短视频内容进行导流时，运营者也应该注意自身表达的正确性。图9-22所示的短视频中"关注我分享更多小技巧"就存在表达有歧义的问题。当用户看到这种表达存在问题的句子时，可能会对运营者的水平产生怀疑。这样一来，通过短视频内容导流的效果可能就会打折扣了。

9.2.4 短视频评论区的导流

随着各种"神评论"的不断出现，短视频评论区开始成为许多用户重点关注的区域之一。基于这一点，运营者可以积极参与短视频的评论互动，通过一定的话语进行导流，将短视频平台的公域流量变为自己的私域流量。

利用短视频评论区导流的方法有很多，运营者可以根据自身的目的，制定具有针对性的话语来引导用户。例如，如果运营者需要用户在第一时间关注自己的短视频，可以通过评论话术来说明自己更新短视频的时间，如图9-23所示。

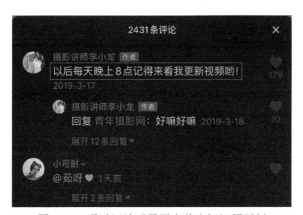

图 9-23 通过评论引导用户关注短视频更新

关于短视频评论区引流的内容，笔者将在第11章中进行具体介绍，这里就不再赘述了。

9.2.5 投放信息流广告导流

很多短视频平台都是支持投放广告的，短视频运营者在做引流时，可以充分利用好平台支持的各种广告形式，快速提高相关短视频的传播率。

　　信息流广告是抖音平台中的一种广告方式，短视频运营者只需向官方平台支付一定的费用，便可让短视频内容以广告的形式呈现。而且短视频运营者可以通过话术引导用户点击文案中的广告区域，进入对应的营销界面，如图 9-24 所示。

图 9-24　点击短视频的广告区域进入对应的营销界面

　　信息流广告是抖音短视频中比较直接有效的一种导流方式，运营者可以通过链接的设置，直接将短视频平台中的用户引导至自己的营销界面。除此之外，还可以在营销界面中通过一定的话术展示联系方式，为打造私域流量池准备好条件。

9.3　引流吸粉话术：软化植入，避免硬广告

　　对于大多数运营者来说，运营短视频账号最直接的目的之一就是更好地实现变现。而要想实现变现，比较好的一种方式是销售产品。因此，许多运营者都会通过带有广告性质的短视频来带动产品的销量。

　　需要注意的是，大部分短视频用户对硬广告还是比较抵触的，所以在植入广告时，运营者还需要通过一定的话术，对广告植入进行必要的软化。

9.3.1 男性用户引流话术

在借助短视频广告吸引用户关注时，运营者可以针对目标人群的性别来制定话术。例如，针对男性用户，运营者可以从以下两个方面编写引流话术。

1. 强调产品对于男性的重要性

运营者可以在文案中用"男生 / 男士 / 男神必备的……""男生 / 男士 / 男神一定要有的……"等句式，强调产品对于男性用户的重要性，如图9-25所示。

图9-25　通过话术强调产品对于男性用户的重要性

短视频用户通常都会比较在意对于自己来说比较重要的信息，通过话术强调产品对于男性用户的重要性，男性用户的目光自然会被吸引过来。

例如，用"男神必备的……"的句式进行表达时，男性用户就会觉得短视频中的产品是成为"男神"的必备物品。大多数男性都希望自己有足够的魅力，能成为女性眼中的"男神"。所以，当看到短视频中的产品能对自己成为"男神"有助益时，男性用户自然会表现出对该产品的兴趣。

2. 强调产品适合成为女性的礼物

许多男性在给正在追求的女生、女朋友和妻子选礼物时都是比较纠结的，他们总是感觉自己选的礼物很难合异性的心意。短视频运营者可以针对这一点，强调产品适合送给女性做礼物。

例如，运营者可以在短视频文案中用"送给女朋友的第××个礼物""给女朋友送礼物"之类的话术，来表明短视频中的产品适合作为礼物送给女性，如图 9-26 所示。这样一来，就很好地满足了男性送礼物的需求，短视频中的产品，他们自然愿意购买。

图 9-26　通过话术将产品变成送给女性的礼物

9.3.2　女性用户引流话术

既然有针对男性用户的引流话术，那也就有针对女性用户的引流话术。其实，二者之间有着很大的相似之处，只是话术中的主体出现了变化。具体来说，针对女性用户的引流话术可以从如下两个方面来着手。

1. 强调产品对于女性的重要性

短视频运营者可以在文案中用"女生／女士／女神必备的……""女生／女士／女神一定要有的……"等句式，强调产品对于女性用户的重要性，如图 9-27 所示。

图 9-27　通过话术强调产品对于女性用户的重要性

当看到这类话术句式时，女性用户就会觉得短视频中的产品对于自己来说是比较重要的，而且会觉得这些产品既然是别的女性都有的，那么自己也应该有。所以，这便能很好地吸引女性用户关注短视频内容，甚至可以直接引导女性用户购买短视频中的产品。

2. 强调产品适合成为男性的礼物

无论是男性，还是女性，收到自己喜欢的礼物时，都会由衷地感受到快乐。只是有时候男性在表达情绪时可能会比较含蓄一些，他们收到礼物时虽然开心，但可能不会像女性那样满脸洋溢着笑容。可即便如此，男性对在意的人送给自己的礼物还是非常喜欢的。

那么女性要如何给男性送礼物呢？送什么样的礼物男性会喜欢呢？运营者可以针对这些问题，在短视频文案中制定对应的话术，强调短视频中的产品适合成为男性的礼物。

例如，运营者可以在短视频文案中用"适合送给男朋友的礼物""送男生的礼物指南"之类的话术，来表明短视频中的产品适合作为礼物送给男性，如图 9-28 所示。

图 9-28　通过话术将产品变成送给男性的礼物

9.3.3　鞋子服装引流话术

鞋子和服装是每个人都需要的产品，市场对一类产品的需求量大，相对应的从事这类产品的销售人员也就会比较多。此时，短视频运营者要想快速获得用户的关注，将产品销售出去，就需要借助引流话术来增强产品对用户的吸引力了。

总的来说，在短视频文案中，可以从两个角度制定引流话术，来增强产品对用户的吸引力，具体如下。

1. 从穿搭的角度

鞋子和服装是特别讲究搭配的一类产品，有时候相同的鞋子和服装，如果搭配不同，最终展现的效果也可能会有很大的不同。而且用户也希望那些擅长做搭配的人能给自己一些指导。

因此，运营者在制作短视频文案时，便可以展示鞋子和服装怎么做搭配，以及搭配的效果，从而让用户觉得在收获穿搭技巧的同时，看到鞋子和产品的展示效果。

例如，运营者可以在文案中用"穿搭必备""传达技能""穿搭常用的……"来传达穿搭技巧，并在短视频中将需要销售的鞋子和服装展示给短视频用户，如图 9-29 所示。

图 9-29　从穿搭的角度制定话术

2. 从对象的角度

鞋子和服装都有特定的使用人群，运营者在制定短视频文案时，可以直接指出使用的人群，并对这部分人群使用之后能够达到的效果进行说明。

例如，可以将"微胖女生"和"显瘦穿搭"放在一起；将"腿粗女生"和"遮肉显瘦显腿长"放在一起，如图 9-30 所示。

图 9-30　从对象和达到的效果的角度制定话术

许多对自己身材某个方面不太满意的短视频用户，都希望能弥补自己的不足，即使弥补不了，也希望别人看不到。而通过一定的话术，则可以让特定对象看到穿了短视频中的鞋子和服装之后能让自己变得更好看。这样一来，爱美人士自然会更愿意购买短视频中的产品了。

9.3.4　减肥产品引流话术

减肥是许多爱美人士，特别是爱美女性普遍关注的一个话题。为了减肥，许多人会进行各种运动，有的人甚至还会节食。但是，运动很难坚持，节食很难受，而且也不一定能快速看到效果。所以，许多人希望通过更加有效的方式减肥，比如使用减肥产品。

那么减肥产品要如何进行引流呢？笔者认为可以通过一定的话术重点展示使用产品之后可以达到的效果。如果是直接减体重的产品，可以将使用前后的体重拿出来对比，如果是重点减掉某个部分的赘肉的产品，可以将使用之后能够达到的效果进行说明，如图 9-31 所示。

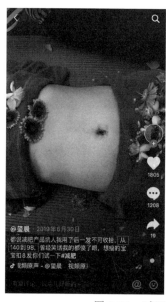

图 9-31　减肥产品的引流话术

图 9-31 所示的两个案例中，左侧案例的文案重点在于"（体重）从 140（斤减）到 98（斤）"，直接就减掉了 42 斤。所以，许多短视频用户看到文案之后，就会想要知道究竟是什么减肥产品能达到这样的效果；右侧案例的文案重点

在于使用产品之后能"快速变成小蛮腰"。而大部分女性又都希望自己能够拥有小蛮腰，所以，看到该文案中的话术之后，很容易就心动了。

9.3.5 美妆产品引流话术

女人，都希望自己能美美的。但是，许多人都对素颜状态下的自己不是很满意，因此，她们会借助化妆和美妆产品让自己变得更好看。于是，市场对各类化妆品的需求量都比较大，各大短视频平台上涌现了许多通过美妆产品来变现的短视频运营者。那么如何让短视频中的美妆产品更吸引人呢？笔者认为可以通过两种话术来增强美妆产品的诱惑力。

1. 说明使用效果的话术

许多人之所以要购买美妆产品，主要就是因为使用产品之后能够获得某种效果。短视频运营者在写文案时，便可以将使用效果直接展示出来，让用户看到文案之后便能对产品有大概的了解。

图 9-32 所示的两条短视频中，左侧的图中女生展示了使用某产品之后能变成"水煮蛋"的皮肤，说明这款美妆产品能改善毛孔粗大的问题。而右侧的短视频则是用"叠涂十层还不卡粉"来展示粉底液的细腻。

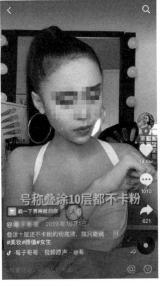

图 9-32 说明使用效果的话术

2. 不使用介绍产品的话术

如果短视频文案中直接介绍美妆产品，那么许多用户看到之后可能会选择直接略过。针对这一点，运营者可以选择不在短视频的文字说明中直接介绍产品，而在短视频的播放过程中对美妆产品进行适当展示。

这么做的好处在于，用户看到文案内容之后不会产生抵触情绪。而且，如果短视频中使用美妆产品化出来的妆容比较好看，那么用户也会更容易对短视频中的美妆产品动心。

图 9-33 所示的两条短视频没有直接介绍产品，而只是适当地对要销售的美妆产品进行了展示。可即便如此，这两条短视频也迅速吸引了大量用户关注，而且相关产品也在短期内获得了大量的订单。

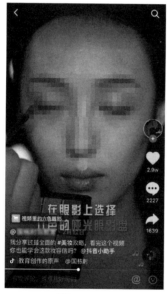 

图 9-33　文字说明中不使用介绍产品的话术

/第/10/章/

带货话术：引爆销量，激发购买欲望

📖 **学前提示**

带货是许多短视频的主要变现方式之一。而短视频的带货效果又与带货话术有着直接的关系。

所以，短视频运营者需要掌握好带货话术，通过话术来激发用户的购买欲望，引爆产品销量。

📖 **要点展示**

- ⊙ 用短视频带货，需掌握的话术要点
- ⊙ 写出好的带货文案，赢得用户信任
- ⊙ 强化用户认知，让用户记住你的产品

10.1 用短视频带货，需掌握的话术要点

用短视频带货，话术的使用非常重要。有时候使用正确的话术，能让你的短视频带货量成倍增长。那么，在用短视频带货的过程中要如何使用正确的话术呢？这一节笔者就来介绍用短视频带货需要掌握的 6 个话术要点。

10.1.1 口头用语：快速拉近与用户的距离

口头用语就是在日常生活中经常使用的、口头化的语言。也正是因为口头用语是常用的语言，所以，当运营者在短视频中使用口头语言时，就能快速拉近与用户的距离，让用户觉得特别亲切。

图 10-1 所示的两条短视频中，"大家吃青团了没""是我的心声没错了"就属于口头用语。当用户看到这类话语时，会有一种运营者在和自己打招呼、表达态度的感觉，而不会觉得这就是在硬性植入广告。

图 10-1　使用口头用语的话术

因此，用户看到这类广告通常不容易生出反感情绪，这便能在一定程度上提高短视频的完播率。而短视频中对产品的展示也可以有效刺激用户对产品的需求。所以，使用口头用语的话术通常能在快速拉近与用户距离的同时，

吸引用户关注产品，从而更好地提高短视频的带货量。

10.1.2　巧妙植入：剧情式短视频带货文案

虽然短视频有时候不过短短的十几秒，但是，用户仍会对短视频的内容有所期待。许多用户都喜欢有一定剧情的短视频，因为这种短视频让人更有代入感，也更有趣味性。所以，剧情式的短视频内容能获得的流量，通常要比一般的短视频多一些。

而对于运营者来说，无论是一般的短视频文案，还是短视频带货文案，其关键作用都是引流。因为获得的流量越多，通常就更容易达到营销目标。所以，通过剧情式短视频巧妙植入产品，也不失为一种不错的短视频带货方式。

图 10-2 所示的短视频中，重点展示的是白领周末和闺蜜坐在一起聊天的剧情。虽然短视频的标题中未出现与要销售的产品相关的信息，但是，短视频中却展示了使用产品的场景。而且，因为许多人平常也会泡一杯薏米茶喝，所以将泡薏米茶这种行为植入剧情中，也不会显得太过突兀。

图 10-2　在剧情中植入使用产品的场景

在剧情式短视频中植入产品时，产品与剧情的融合至关重要。如果植入的产品与剧情风马牛不相及，那么用户看到之后，可能还是会觉得广告植入过硬。因此，运营者通过剧情式短视频带货时，还是应根据要植入的产品来设计合理的剧情。

图 10-3 所示的短视频中，主要的剧情是制作菠萝炒饭，而许多人在吃饭

的时候都想要喝点什么。所以，短视频运营者在菠萝炒饭制作完成后，很自然地就将自己要销售的饮品制作出来，和菠萝炒饭搭配在一起。这样一来，用户会觉得炒饭配上饮料是很自然的事。而在短视频中植入该饮品，也就不容易让用户反感了。

图 10-3　让植入的产品与剧情更好地融合

可能有的短视频运营者会觉得根据产品来设计专门的剧情，不仅麻烦，还不一定能获得预期的效果。在笔者看来，很多事情做了虽然不一定能看到预期的效果，但不做就一定看不到预期的效果。更何况，根据产品设计剧情打造的短视频对用户更具有吸引力。即使这样做难以在短期内提高产品的销量，但是只要产品被更多用户看到了，那么从长期来看对于提高产品的销量也是有所助益的。

10.1.3　借用金句：揭秘"大咖"话语的营销术

每个行业都会有一些知名度比较高的"大咖"，"大咖"之所以能成为"大咖"，就是因为其在行业中具有比较专业的素质，并且还获得了傲人的成绩。在带货领域也有一些做出了成绩的人，他们之所以能成功，就在于懂得通过话术引导用户购买产品。甚至有的带货主播还形成了自己的特色营销话术。

以李佳琦为例，他在短视频和直播过程中就有许多属于自己的特色营销话术，或者说是"金句"，其中之一就是用"买它"来引导用户购买产品。

图 10-4 所示为李佳琦发布的一条短视频，我们可以看到在短视频标题和字幕中便都出现了"买它"。

图 10-4　特色营销话术

其实，同样的带货话术，李佳琦用可以引导用户购买产品，普通的短视频运营者用也是可以起到带货作用的。因此，当运营者看到一些"大咖"的营销"金句"时，不妨也借过来试用一下，看看效果。

图 10-5 所示为两条带货短视频，我们可以看到，在这两条短视频中，便借用了李佳琦常说的"买它"。而且这两条短视频的点赞、评论和转发量都还比较可观。由此也可以看出，借用"金句"确实能够引导用户关注，带动产品销售。

图 10-5　借用李佳琦的"金句"的短视频

10.1.4 提及福利：适当强调产品价格优势

很多时候，价格都是用户购买一件产品时重点考虑的因素之一。这一点很好理解，毕竟谁都不想花冤枉钱。同样的产品，价格越低就越会让人觉得划得来。这也是许多人在购买产品时，不惜花费大量时间去"货比三家"的重要原因。

基于这一点，运营者在通过短视频带货时，可以提及福利，适当地强调产品的价格优势和优惠力度。这样用户就会觉得产品的价格已经比较优惠了，对产品的购买意愿自然也会有所提高。

图 10-6 所示的短视频中，通过原价和福利价的对比，以及券后价的方式，让用户看到了产品在价格上的优势。

图 10-6　让短视频用户看到产品的价格优势

10.1.5 亲身试用：让用户觉得可观且可信

俗话说得好："耳听为虚，眼见为实。"只有亲眼看到的东西，人们才会相信。如果短视频运营者只是一味地说产品如何如何好，但用户却看不到实际的效果，那么他们可能就会觉得你只是在自卖自夸，很难被你打动。

针对这一点，运营者在制作短视频时，可以亲身试用产品，让用户看到产品的使用效果，并配备相应的话术进行说明。这样，用户在看到你的带货短视频时，就会觉得比较直观、可信。

因此，在条件允许的情况下，笔者还是建议大家尽可能地在带货短视频中将亲身试用产品的效果进行展示。其实，亲身试用操作起来很简单。如果销售的是服装，只需展示穿上服装后的效果即可，如图 10-7 所示；如果销售的是化妆品，如口红，只需将化妆品涂在身上的效果展示出来即可，如图 10-8 所示。

图 10-7　亲身试用服装

图 10-8　亲身试用口红

亲身试用对于接触皮肤和食用型产品来说尤其重要，因为用户会特别关注这些产品使用是否安全。如果运营者不在短视频中展示亲身使用的效果，那么部分用户就会怀疑你销售的产品可能使用之后会造成什么问题，自然不会轻易下单购买产品了。

10.1.6 对比同款：突出产品的显著优势

有一句话说得好："没有对比，就没有差距。"如果短视频运营者能够将同款产品（或者相同功效的产品）进行对比，那么用户就能直观地把握产品之间的差距，更好地看到你的产品优势。

当然，有的运营者可能觉得将自己的产品和他人的产品进行对比，有踩低他人产品的意味，可能会得罪人。此时，还可以转换一下思路，将自己的新款产品和旧款进行对比。这不仅可以让新款和旧款都得到展示，而且只要话术使用得当，新款和旧款各自的优势都可以得到显现。

图 10-9 所示的短视频中，就是将同品牌的新款蜜粉饼与散粉进行对比来凸显蜜粉饼不容易哑光的优势。本来这个品牌的散粉质量就比较好，也获得了一大批忠实的用户。而通过在短视频中进行对比展示，就会让用户觉得蜜粉饼更好用。这样一来，用户对该蜜粉饼的购买欲望很自然地就提高了。

图 10-9　通过对比突出产品的优势

 10.2 写出好的带货文案，赢得用户信任

谁都不会购买自己不信任的产品，所以，短视频运营者如果想要让用户购买你的产品，那么就必须先赢得用户的信任。赢得用户信任的方法有很多，

其中比较直接有效的一种就是写出好的带货文案。

那么怎样写出好的带货文案呢？笔者认为，大家可以从 6 个方面重点突破，这一节笔者就来分别进行说明。

10.2.1　树立权威，塑造专业的形象

有的用户在购买产品时会对短视频运营者自身的专业性进行评估，如果运营者自身的专业度不够，那么用户就会对其推荐的产品产生怀疑。

所以，在短视频账号的运营过程中，运营者还需要通过短视频文案来树立权威，塑造自身的专业形象，增强用户对运营者的信任感。这一点对于专业性比较强的领域来说，尤为重要。

例如，摄影就是一个很讲求专业性的领域，如果摄影类短视频运营者不能分享专业性的知识，那么就不能获得用户的信任，更不用说通过短视频销售摄影类产品了。

也正是因为如此，许多摄影类短视频运营者都会通过文案来凸显自身的专业性。图 10-10 所示为某摄影类运营者发布的一条短视频，它便是通过文案《十大场景的快门速度设置》来凸显自身的专业性的。

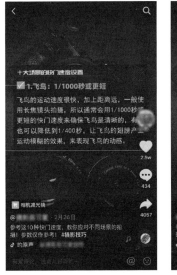

图 10-10　通过文案凸显自身专业性

因为这个短视频中对 10 种快门速度设置进行了详细说明，所以用户看到

之后，就会觉得该短视频运营者在摄影方面非常专业。那么用户再看到短视频中的摄影产品链接，会觉得产品是运营者用专业眼光挑选的，对该摄影产品很自然地就多了一份信任感。

10.2.2 事实力证，获得用户的认可

有一句话说得好："事实胜于雄辩！"说得再多，也没有直接摆事实有说服力。短视频运营者与其将产品夸得天花乱坠，还不如直接摆事实，让用户看到产品使用后的真实效果。

图 10-11 所示为一个销售大码女装的短视频。该短视频中并没有对自己的大码服装进行太多的夸耀，而是直接将穿其他服装的效果和穿上大码服装后的效果进行对比，用事实来力证其大码服装的遮肉效果。

图 10-11　通过事实力证产品使用效果

因为有事实的力证，所以用户通过该短视频可以很直观地看到该大码服装的上身效果。再加上上身效果也确实比较好，因此，有需求的女性在看到文案时，就会觉得短视频中的大码服装值得一试。

10.2.3 借力顾客，打造产品的口碑

短视频运营者毕竟需要通过销售产品来变现，所以，如果只是运营者说产品各种好，用户通常是不会轻易相信的。对此，运营者在制作短视频文案时，可以通过适当借力顾客来打造产品和店铺的口碑。

借力顾客打造口碑的方法有很多，既可以展示顾客的好评，也可以展示店铺的销量或店铺门前排队的人群，还可以将顾客对店铺或产品的肯定表达出来，让其他用户看到。图 10-12 所示的短视频，就是通过将顾客对产品的肯定表达出来来打造产品的口碑的。

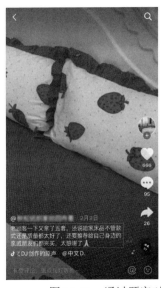

图 10-12　通过顾客对产品的肯定来打造口碑

借力顾客打造产品口碑对于实体店运营者来说尤其重要，因为一些实体店经营的产品是无法通过网上发货的。而借力顾客打造产品口碑，则会让附近看到店铺相关短视频的用户对店铺及店铺中的产品产生兴趣。这样一来，店铺便可以将附近的用户直接转化为店铺的顾客了。

10.2.4 消除疑虑，解答用户的疑问

如果用户对你销售的产品有疑虑，又无法直接体验产品，那么他们就不会购买产品。因此，在制作短视频带货文案时，运营者还需要消除用户的疑虑，

让用户放心购买产品。

图 10-13 所示的短视频文案中，运营者表示自己销售的笔"想要什么就可以画什么"。看到这里，许多用户心中都会有疑问：是不是真的这么神奇，什么都能画呢？

为了验证这一点，运营者在短视频中展示了画蝴蝶飞手镯的过程，并且将画完的手镯略经处理之后就戴到了手上。看到这里，许多用户心中的疑问便得到了解答。

图 10-13　通过文案消除用户的疑虑

许多用户有过被骗的网购经验，所以，对网上销售的产品会有一些不信任感。短视频运营者如果要获得这些用户的信任，就要消除他们的疑虑，让他们信任你的产品。

10.2.5　扬长避短：重点展示出优势

无论是哪种产品，都会有缺点和优点，这本来是一件很正常的事。但是，有的用户过于在意产品的不足，看到产品有不足的地方，就会失去购买兴趣。

为了充分挖掘这部分用户的购买力，短视频运营者在展示产品时，需要有选择地对产品的优缺点进行呈现。更具体地说，就是要尽可能地扬长避短，重点展示产品的优势。

图 10-14 所示的短视频中，运营者在展示产品时，重点对"不添加防腐剂""在家加热就能吃""味道和在店里吃的一模一样"等优点进行了说明。正是因为该产品优势众多，所以，对这类产品有需求的用户在看到该短视频文案之后很容易就心动了。

图 10-14　重点展示产品的优势

同样还是短视频中的产品，如果运营者将产品的缺点大肆宣扬，如"保质期短，收到后应尽快食用""运输的过程中可能会导致汤汁泄露"，那么很多用户可能会打消购买的念头。

当然，重点展示产品的优势不是要刻意隐瞒产品信息，而是把对自己有利的信息进行重点展示。

10.2.6　缺点转化：用不足凸显优势

正所谓："金无足赤，人无完人。"世上没有十全十美的事物，产品也是如此，无论是什么产品，总会有一些缺点和不足。有缺点和不足并不可怕，可怕的是缺点和不足被无限放大，成为产品的致命弱点。

其实有时候只要处理得当，缺点和不足也能成为凸显产品优势的助力。关键就在于要找到一种合适的转化方式，让用户通过产品的缺点和不足，看到产品的其他优势。

进行缺点转化的方式有很多，其中一种比较有效的方法就是通过一定的话术说明产品的缺点和不足只有一个，也就是将产品的一个显著但又不影响品质的缺点进行说明。这样，用户在看到短视频之后，就会觉得产品只有一个缺点，其他的都是优点，因而对产品的好感度便会快速提升。

图 10-15 所示的短视频中直接表示："我们的皮蛋缺点只有一个，那就是有点 gui（贵）。"本来许多人在购买食品时更注重的是其安全性，至于价格因素相对来说就不是那么重要了。

图 10-15　通过缺点转化凸显优势

而看到短视频之后，这些用户就会觉得这种皮蛋虽然有点贵，但是食品安全是有保障的，可以放心购买。而且虽然这种皮蛋比一般的皮蛋要稍贵一些，但是，也没有贵很多，其价格是大部分用户能够接受的。因此，许多用户看完短视频之后，反而会觉得短视频中的皮蛋更值得购买了。

10.3　强化用户认知，让用户记住你的产品

对于短视频运营者来说，可能有时候通过一个短视频就让用户购买产品是有一定难度的，但却可以通过短视频强化用户认知，让用户记住自己的产品。

这样，当用户有购买需求时，很自然地就会想到短视频运营者的产品。

10.3.1 集中并放大产品卖点

每种产品都有许多优点，短视频运营者如果将产品的所有优点都摆出来，会让用户难以把握重点。在笔者看来，与其花费心力挖掘和展示产品的各种优点，还不如集中并放大产品的主要卖点，进行重点突破。

图10-16所示为一个关于录音笔的短视频。看完这个短视频之后，大部分用户都会对这款录音笔留下深刻的印象。因为这条短视频对该录音笔可以将多种方言转化为文字这个主要卖点进行了多个角度的展示。

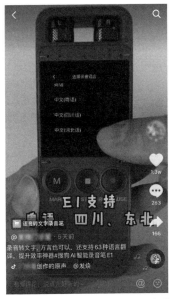

图10-16 集中展示录音笔可将方言转化为文字的功能

集中并放大产品卖点，对于拥有某个突出卖点的产品来说非常实用。通过集中并放大展示，能够强化产品的主要卖点，让用户快速把握住产品的卖点。

图10-17所示为一个关于折叠垃圾桶的短视频。与一般垃圾桶相比，这种垃圾桶最主要的卖点就是可以折叠起来，摆放和使用非常便利。因此，这条短视频便围绕该卖点打造了文案，让用户看完短视频之后就能直观地把握住卖点。

图 10-17　集中展示折叠垃圾桶的便利性

10.3.2　让用户快速理解产品

通常来说，用户在购买一件产品时，都会先判断这件产品对自己是否有用处。如果产品对自己没有用处，那么用户肯定是不会购买的。另外，如果对产品的理解不够，不知道产品对自己是否有用，那么许多用户可能也不会轻易下单。

因此，如果想让用户购买你的产品，就需要通过短视频让用户快速理解产品。这样，用户才能根据自己的理解判断产品是否对自己有用处，而不至于因为对产品不理解、怕踩坑，就直接放弃购买产品。

如果运营者要销售的是一种新产品（此前市场上没有类似的产品）或拥有新功能的产品，那么通过短视频展示产品，让用户快速理解产品，就是非常重要且必要的。

图 10-18 所示的短视频中展示的是 AR 地球仪。看到"AR 地球仪"这个名词，许多用户可能难以理解。什么是 AR 地球仪？它与一般的地球仪有什么不同？为了帮助用户快速理解产品，运营者通过短视频对 AR 地球仪的使用方法进行了展示。用户只要随便用手机扫一下，就可以了解扫描地区的相关知识。这样一来，用户就能很好地把握 AR 地球仪这种新产品了。

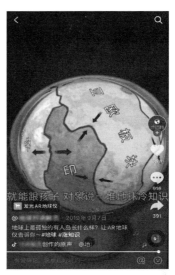

图 10-18　通过展示让用户理解新产品

　　除了新出现的产品和拥有新功能的产品之外，一些以某些功能或特性为卖点的产品，也需要通过短视频展示，让用户了解产品的功能和特性。因为很多用户都信奉"眼见为实"，只有看到短视频中的展示，他们才会理解并相信产品确实拥有某些功能或特性。

　　图 10-19 是一个展示不粘锅的短视频。"不粘锅"顾名思义，就是使用该锅烹制食品时，食品不会粘在锅上。那么短视频中的锅是不是真的不粘锅呢？许多用户对此是有所怀疑的。

图 10-19　通过展示让用户理解产品的特性

而运营者也明白用户心中所想，所以，在短视频中展示了煎鸡蛋的全过程。用户看完短视频之后，看到锅上面真的没有粘上蛋，对该锅的不粘特性自然也就理解并相信了。

10.3.3　简单易记的短视频文案

要让用户记住一种产品，通常有两种方法。一种是通过产品的展示，让产品在用户心中留下深刻的印象；另一种是通过文案营销，用简单易记的文案宣传产品，从而让用户记住产品。这也是许多品牌不惜花费大量成本做广告宣传的重要原因。

对于运营者来说，要制作一个短视频文案可能算不上是一件难事。但是，要制作一个有记忆点的短视频文案却不是一件容易的事。那么，如何让短视频文案更加简单易记呢？在这里，笔者重点给大家提供两种方案。

一种是通过趣味性的表达，让用户在会心一笑之余，对短视频文案及短视频中的产品留下印象。

图 10-20 所示的短视频中展示的是一种儿童玩具，运营者给短视频配的标题是："趁女儿去睡，我玩会。"这个标题能让用户感受到运营者表达的趣味性的同时，明白这种玩具对大人都有一定的诱惑力。因此，看到标题和短视频之后，用户很快就留下了印象，并记住了短视频中的产品。

图 10-20　趣味性文案

另一种是通过说明性的文字，对产品的主要功能和特性进行形象地说明，让用户可以通过文案直观把握产品的功能和特性。

图 10-21 所示的短视频中展示的是 OPPO 的一款新产品，该产品拥有一个特别的功能，即"ColorOS 超级文本"。因此，运营者用"ColorOS 超级文本，文本也能拍立得"对该功能进行了说明。

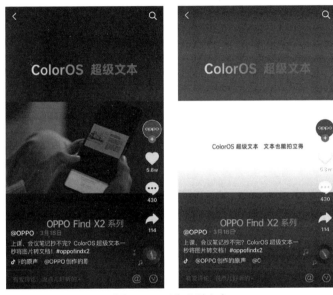

图 10-21　说明型文案

"ColorOS 超级文本，文本也能拍立得"这句文案对"ColorOS 超级文本"功能进行了形象说明。因为拍立得的意思就是拍了之后能马上得到，所以，用户看到这句文案，就能明白，借助 OPPO 的"ColorOS 超级文本"功能，可以将拍摄的图片快速转化成文本。也正是这种形象化的表达，让用户快速记住了这句文案。

以上是笔者对两种制作简单易记的短视频文案的方法说明，在实际操作时，可选择的方法还有很多。运营者只需结合自身情况，选择合适的方案在短视频文案中给用户制造记忆点即可。

评论互动篇

/第/11/章/

评论引流：被动吸粉，获得精准用户

📖 **学前提示**

绝大多数短视频都将评论作为一种重要的互动形式。其实，评论不只是一种互动形式，还是被动吸粉，获得精准粉丝的一种有效手段。

那么，如何利用评论来吸粉，获得精准用户呢？这一章，笔者就来介绍具体的技巧。

📖 **要点展示**

⊙ 评论引流，善用流量给自己添彩

⊙ 写出比短视频更有意思的"神评论"

⊙ 掌握短视频评论区的文案写作技巧

评论引流，善用流量给自己添彩

在各大短视频平台中，评论引流都是一种比较直接有效的引流方式。具体来说，评论引流要怎么做呢？这一节，笔者就来为大家介绍 8 种方法。

11.1.1 选择同领域的大号

在评论短视频时，选择评论对象很关键。那么，怎样选择评论的对象呢？笔者认为其中一种比较有效的方式就是选择同领域的大号的短视频进行评论。

以美妆类短视频运营者为例，在选择评论对象时，可以通过搜索"美妆"，查看相关用户，如图 11-1 所示。

图 11-1 搜索"美妆"查看相关用户

通常来说，搜索结果中排在前面的都是一些粉丝比较多的短视频账号，这一点从图 11-1 中就不难看出。也正是因为这些账号的粉丝比较多，所以其发布的短视频的流量通常也比较多。这样一来，短视频的评论自然就会被更多用户看到了，而引流的效果也会更好一些。

找到了同领域的大号之后，接下来短视频运营者便可以点击对应的账号进入其主页界面的"作品"板块。"作品"板块中会显示该账号发布的全部短视频，并且会显示短视频的点赞量，如图 11-2 所示。

运营者可以选择短视频进行评论。笔者建议大家选择排在前面的短视频进行评论。因为排在前面的要么是该账号置顶的短视频，要么是该账号最近发布的短视频。无论是哪种情况，排在前面的短视频一般都会比排在后面的获得的流量更多。这主要是因为大多数人在看一个账号的短视频时，可能会重点看其中的几个，而排在前面的短视频一眼就被看到了，因此被点击查看的可能性会大一些。

图 11-3 所示为图 11-2 中"作品"板块第一个短视频的播放界面，我们可以看到这个短视频虽然仅仅发布了 3 天，但是点赞数却超过了 5W，由此不难看出该短视频的流量之大。如果运营者对该短视频进行精彩评论，便可以吸引许多用户关注。而且，因为这些用户也对美妆类内容感兴趣，所以对于短视频运营者来说，这些被吸引过去的用户还都是精准用户。

图 11-2　某账号主页的"作品"板块　　图 11-3　某账号"作品"板块的第一个短视频

11.1.2　选择点赞多的短视频

通常来说，在评论内容相同的情况下，接收到评论内容的短视频用户越多，评论内容能够吸引到的流量就会越多。因此，在选择评论对象的时候，运营者要尽可能地选择有流量的短视频。

那么，如何选择有流量的短视频呢？笔者认为比较直接有效的方法有两种：一种方法是选择同领域大号中点赞量比较高的短视频，这种方法笔者在

11.1.1 中已经进行了具体说明，这里就不再赘述了；另一种方法是通过搜索短视频，选择点赞多的短视频进行评论。

通过搜索短视频，选择点赞多的短视频，就是通过关键词搜索短视频，然后从搜索结果中选择点赞数量较多的短视频。例如，在抖音短视频平台中，搜索与"美妆"相关的短视频，便可以看到搜索结果界面，且界面中会显示每条短视频的点赞数，如图 11-4 所示。

通常来说，在搜索结果中选择待评论的短视频时，可以优先选择排在前面的短视频。这主要是因为排在前面的短视频，它们的点赞量通常都比较多，而且其发布时间也相对较近，所以会比一般的短视频更容易获得用户的关注。

图 11-5 所示为在短视频平台中搜索"美妆"显示的第一条短视频。我们可以看到，这条短视频虽然是在 1 天前发布的，但是点赞量却超过了 4 万。毫无疑问，这条短视频吸引的流量是十分巨大的。因而，在这条短视频中进行评论，能够吸引到的流量可能也是比较可观的。

图 11-4 搜索"美妆"相关的短视频　　图 11-5 搜索"美妆"显示的第一条短视频

11.1.3 在第一时间去评论

许多事情都是讲求时效性的，其实评论也是如此。如果他人的短视频内容发布出来之后，你第一时间就进行评论，那么，就会有更多查看该短视频评论的短视频用户看到你的评论。因此，通常来说，评论短视频越早，引流效果就越好。

对于大多数短视频运营者来说，要在某条短视频刚发布时就进行评论可能是不太现实的，但是，运营者还是可以选择最近发布的短视频进行评论。

例如，在抖音中，短视频运营者可以关注一些同领域的或者是感兴趣的账号。关注之后，在抖音的关注界面中便可以看到已关注账号最近发布的短视频（滑动手机界面可切换短视频内容），而且在账号名称后面还会显示该短视频已发布的时间，如图11-6所示。

图11-6　抖音"关注"界面的短视频

运营者可以根据发布时间来选择短视频进行评论。通常来说，应选择发布时间比较近的短视频，比如，选择发布时间还不到1天但点赞已过万的短视频，也可以选择发布了几天、点赞过万的短视频。

如果一条短视频已经发布了一个月，甚至发布了几个月，但是点赞量却只有几百、几千，那么，就说明该短视频能获得的流量比较有限。而且，由于已经过去一段时间，短视频平台对该短视频的推送力度也会有所减弱。因此，这样的短视频，笔者就不建议大家去进行评论了。

11.1.4　评论内容观点独到

通常来说，短视频内容越热门，评论的数量就会越多，而你的评论要想从中脱颖而出也会更难。此时，如果你的评论内容和别人的相差无几，那么，你的评论很可能会被许多人直接无视。

因此，我们在进行评论时，还需要在内容上下一些功夫。如果你的评论内容观点独到，那么，自然就会快速吸引许多用户关注，而评论获得的引流效果也会更好。

图 11-7 的短视频中展示了将物体从造型奇特的回形针中取出来的过程，并配文字说："这个怎么取出来的，你看懂了吗？"看完这条短视频，一位用户表示孩子要把这个物体取出来很容易。

图 11-7 观点独到的评论

看到这条评论之后，许多用户在会心一笑的同时，也因其独到的观点而点赞。我们可以看到，这条评论的点赞数量甚至比该短视频的评论量还要多。在这种情况下，这条评论自然能为写评论的账号起到不错的引流作用。

11.1.5 放上诱饵引导私信

每个运营者进行评论引流的目的都不尽相同，有的可能只是为了给自己的短视频账号或者短视频引流，有的可能是为了让用户关注或者私信自己。无论出于什么目的，运营者都需要相对应的评论引流方式。

如果是想引导用户私信你，那么，在评论内容中放入一些"诱饵"，会达到明显效果。所谓"诱饵"，简单来说就是用户看到之后想要获得的东西。

图 11-8 所示为某短视频的评论界面。我们可以看到，该短视频的作者便

是通过送电子书这个"诱饵"来引导用户私信的。

图 11-8　通过送电子书引导用户私信

一些短视频运营者可能没有条件给出具体的诱饵，此时，便可以让有某方面需求的用户私信自己。在这种情况下，满足用户的需求，自然也就成了一种"诱饵"。

图 11-9 所示的评论界面中，部分用户对作者写的销售书有一定的需求，于是该短视频作者便将自己写的销售书作为引导私信的"诱饵"。

图 11-9　将用户的需求作为"诱饵"

11.1.6　多账号评论广撒网

如果运营者拥有多个短视频账号，那么，便可以充分利用这些账号进行评论，通过广撒网的方式，提高评论内容的整体传播面，从而让更多用户看到短视频内容，同时增强评论的整体引流效果。

图 11-10 所示为某短视频的评论界面。我们可以看到，在该评论中，短

视频的作者和另外两个评论账号是具有一定关系的（一个账号与作者的头像相同，一个账号和作者的名字中都有"鼎尖"二字）。

图 11-10　多账号广撒网增强引流效果

很显然，这便是通过多个账号进行广撒网的形式来增强引流效果的做法。这种做法不仅能增强整体的引流效果，而且因为是在对同一条短视频进行评论，所以也可以起到优化短视频数据、提高短视频热度的作用。

11.1.7　借助小号评论引流

有的短视频运营者想要做另一个领域的内容，于是注册了小号；有的短视频运营者为了给大号引流，注册了小号。笔者认为，无论是出于何种目的，只要小号注册成功了，就应该好好利用起来。

对于想要做另一个领域的内容而注册小号的短视频运营者来说，大号已经积累了一定的粉丝，发布的短视频通常会获得较为可观的流量。在这种情况下，用小号评论大号发布的短视频，不仅可以告诉粉丝，你注册了小号，而且能将大号的粉丝吸引过去，帮助小号快速积累粉丝。

对于为了给大号引流而注册小号的短视频运营者来说，小号的粉丝量可能不是很多，但是通过小号的评论，能让大号获得一定的流量，而且用小号评论大号发布的短视频内容，还能在一定程度上提高大号短视频的热度，让大号的短视频获得更多的流量。

图 11-11 所示为某短视频的评价界面。我们可以看到，该短视频的作者名为"××姐"（抖音粉丝超过290万），而评价短视频的用户中有一个名为"天津××姐"（抖音粉丝20多万）。

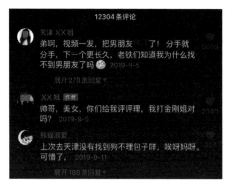

图 11-11　借助小号评论引流

这两个抖音号的运营者其实是同一个人，这很显然便是借助小号评论来引流。而且这个小号的评论内容的点赞量比大号的点赞量还多，由此便不难看出，小号的这条评论在引流方面（无论是为大号引流，还是为小号引流）是比较成功的。

11.1.8　与粉丝的评论互动

与粉丝进行评论互动是提高短视频热度、增强粉丝黏性的一种有效手段。虽然粉丝评论短视频时不会要求短视频运营者回复评论，但如果一条短视频的评论数量很多，在评论区却看不到短视频运营者的身影，那么粉丝可能就会觉得短视频运营者对粉丝的反馈不够重视，于是取消关注。该短视频账号的粉丝可能就此快速流失。

图 11-12 所示为某短视频的评论界面。我们可以看到，该短视频的评论超过了 1 万条，但是短视频运营者却连一条回复也没有。可以说，这位短视频运营者在与粉丝互动方面做得很不够。

在笔者看来，因为短视频运营者的粉丝有所差异，每条短视频的评论数量也有所不同，所以，在与粉丝进行评论互动时，运营者可以选择不同的方式。

如果短视频账号的粉丝量比较多，或者短视频的评论量比较多，那么可以选择其中比较具有代表性的评论进行回复。对于短视频运营者来说，如果连回复的时间也没有，那么也可以对精彩的评论进行点赞，总之要让粉丝知道你看到了他们的评论。

另外，如果运营者给短视频点赞，那么，评论的下方会显示"作者赞过"。

而其他用户看到评论区出现"作者赞过"的字样之后，就会知道短视频运营者看到了评论区的内容。

图 11-13 所示为某短视频的评论界面。我们可以看到，该短视频的作者虽然没有直接用文字回复评论，但也通过点赞评论，与粉丝进行了互动。

图 11-12　没有回复粉丝的评论　　图 11-13　通过点赞评论互动

对于短视频运营者来说，如果你的短视频账号的粉丝量比较少，或者短视频的评论量比较少，那么你可以尽可能地回复粉丝的每条评论，让粉丝明白你对每条评论都是非常关注的。图 11-14 所示为某短视频的评论界面。我们可以看到，该短视频运营者对每一条评论都进行了回复。

图 11-14　对每一条评论都进行了回复

11.2 写出比短视频更有意思的"神评论"

大多数经常刷短视频的用户会习惯性地查看短视频的评论，这主要是因为有时候评论比短视频内容还要有趣。如果短视频运营者写出了有意思的"神评论"，就能快速吸引大量用户，从而为自己的短视频账号及短视频带来较为可观的流量。

11.2.1 热点，吸引用户眼球

热点之所以能成为热点，主要是因为它本身就带有一定的热度。因此，短视频运营者如果围绕热点进行评论，就能快速吸引大量用户。

2020 年 3 月，中国医疗队援助塞尔维亚，塞尔维亚领导人表达了对中国的感谢。一时之间，中塞友谊成为热点。部分短视频运营者就该热点发布了短视频，而许多用户看到相关短视频之后也纷纷进行了评论。

图 11-15 为关于中塞友谊的某条短视频的评价界面。我们可以看到，其中围绕中塞友谊的评论，如"加油，塞铁兄弟，我们来了！你们并不孤单，我们一起抗疫，你们一定会迎来春暖花开的好日子！""患难见真情，中塞友谊长存！希望疫情早日退去，回归往日的繁华。"等，吸引了许多用户。

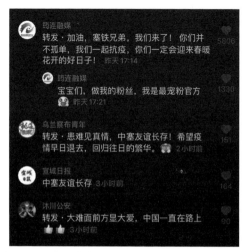

图 11-15　关于中塞友谊的某条短视频的评价界面

11.2.2　痛点，满足用户需求

运营者在对短视频进行评论时，如果能找到用户的痛点，那么可以通过满足用户某方面的需求来吸引用户关注。这一点在自我评论、引导用户购买商品时尤其重要。

图 11-16 所示的短视频中，运营者从用户个子比较矮、衣服不好搭配这个角度出发进行了评论。

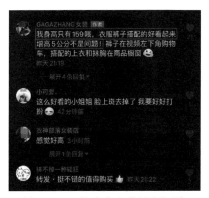

图 11-16　从痛点出发进行评论

虽然这是从痛点出发进行的评论，但也满足了用户对于衣服搭配巧妙看起来显高的需求。所以，部分用户在看到该评论之后进行点赞。可以想象得到，如果某个用户对衣服搭配巧妙看起来显高有需求，那么，在看到该评论之后，其对短视频中的服饰的需求会有所提高。在这种情况下，短视频中服饰的销量也就更有保障了。

11.2.3　痒点，提高评论意愿

可能部分短视频运营者看到标题之后，对于"痒点"会有一些疑惑。究竟什么是"痒点"呢？简单来说，"痒点"就是一个让人看后觉得心里痒痒的、忍不住想要进行评论的点。

有"痒点"的评论，不仅可以快速吸引用户关注，让评论的内容被更多用户看到，而且还可以通过吸引用户回复评论，提高用户的参与度和短视频的热度。

图 11-17 所示为某短视频的评价界面。我们可以看到，该短视频的前两条评价就是在搞笑之余，提供了"痒点"，让人看到之后忍不住想要回复。而事实上，这两条评价也确实获得了许多回复。

图 11-17 有"痒点"的短视频

11.2.4 搞笑，语言幽默风趣

纵观短视频评论区，有许多"神评论"都带有搞笑的成分。这主要是因为幽默风趣的语言可以给人带来快乐，而快乐又是没有人会拒绝的。所以，当看到非常搞笑的评论时，大多数用户都会主动点赞。而随着点赞数量的快速增加，一条看似普通的评论也就成了"神评论"。

有一条短视频中的人物长得和甄子丹、莫文蔚这两位明星有些像，于是一位用户在看到短视频之后，便用幽默风趣的语言评论说短视频中的人物是"甄子丹和莫文蔚的结合体，简称：甄前蔚"，如图 11-18 所示。

图 11-18 语言幽默风趣的短视频评论

许多用户在看到该评论之后，不禁哈哈大笑，有的甚至对这条评论进行了点赞和回复。我们可以看到，这条评论的点赞量超过了4 000，而且也有部分用户进行了回复。

11.2.5　才气，展示自身才华

一条短视频评论要想快速吸引用户的目光，就必须带有一定的亮点。这个亮点包含的范围很广，既可以是迎合了热点、击中了痛点、提供了痒点，也可以是表达幽默风趣，还可以是充满了才气。

所谓的"才气"，就是让人看完之后，觉得你的短视频评论有一定的文化底蕴。在短视频评论中显示才气的方法有很多，既可以引经据典地进行论述，也可以直接通过诗文展示自身的才华。

图11-19所示为某短视频的评论界面。我们可以看到，第一条评论就是一首七言绝句。虽然这首诗看上去像打油诗，但是，却也具有一定的韵律。许多用户看到之后，都会觉得写这条评论的人很有才气，并因此为这条评论点赞。

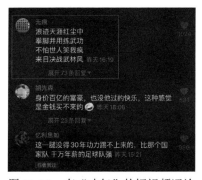

图11-19　有"才气"的短视频评论

 ## 11.3　掌握短视频评论区的文案写作技巧

在短视频的运营过程中还有一个必须重点把握的部分，那就是评论区的文案。

那么，评论区文案的写作有哪些技巧呢？这一节笔者就从 3 个方面来进行具体分析。

11.3.1 根据短视频内容自我评论

短视频文案中能够呈现的内容相对有限，这就可能导致有的内容需要进行一些补充。此时，短视频运营者便可以通过评论区的自我评论来补充相关内容。

另外，在短视频刚发布时，看到短视频内容的用户可能不会很多，也不会有太多评论。此时如果短视频运营者进行自我评论，也能在一定程度上起到吸引用户参与评论的作用。

如图 11-20 所示，运营者在发布短视频之后，主动根据短视频内容进行了自我评价，并且在评价中插入了产品的详情链接。用户只需点击该链接，便可进一步了解短视频中产品的相关信息。

图 11-20　根据短视频内容自我评价并插入产品信息

11.3.2 通过回复评论引导用户

除了自我评价补充信息之外，短视频运营者还需要通过回复评论解决用户的疑问，引导用户，从而提高产品的销量。

如图 11-21 所示，运营者在发布短视频之后，对评论中用户的一些疑问进行了回复。让用户明白怎样进行购买、有哪些人群能够用得上等。而疑问得到解答之后，用户的购买需求自然会有一定的提升。

图 11-21　通过回复评论引导用户

11.3.3　回复抖音评论的注意事项

回复抖音评论看似是一件再简单不过的事，实则不然。为什么这么说？这主要是因为在回复评论时还有一些需要注意的事项，具体如下。

1. 第一时间回复评论

作为短视频运营者，应该尽可能地在第一时间回复抖音用户的评论，这主要有两个方面的好处：一是快速回复抖音用户，能够让用户感觉到你对他（她）很重视，这样自然能提升用户对你和你的账号的好感；二是回复评论能够在一定程度上提高短视频的热度，让更多用户看到你的短视频。

那么，如何做到第一时间回复评论呢？其中一种比较有效的方法就是在短视频发布的一段时间内，及时查看账号。一旦发现有新的评论，便在第一时间进行回复。

2. 不要重复回复评论

对相似的问题，或者同一个问题，短视频运营者最好不要重复回复，这主要有两个原因：一是很多用户的评论中或多或少会有一些营销的痕迹，如果重复回复，那么整个评价界面便会看到很多有广告痕迹的内容，而这些内容往往会让其他用户产生反感情绪；二是相似的问题，点赞相对较高的问题会排到评论区靠前位置，运营者只需就点赞较高的问题进行回复，其他有相似问题的用户自然就能看到。而且这还能减少回复评论的工作量，节省大量时间。

其实，运营者还可以通过一定的技巧，减少重复的评论。比如，可以通过自我评论对用户关心的问题统一回答，如图 11-22 所示。这样一来，用户看到评论之后，就能得到相关问题的答案了。

图 11-22   通过自我评论统一回答用户疑问

3. 注意规避敏感词汇

对于一些敏感的问题和敏感的词汇，短视频运营者在回复评论时一定要尽可能地规避，不对敏感问题进行正面回答。

/第 /12/ 章 /

回复互动：沟通交流，营造热议氛围

📖 **学前提示**

回复评论应该成为短视频运营者日常工作中的一项重点内容。当用户对短视频进行评论时，如果运营者积极回复，那么便可以与用户进行良好的沟通交流，从而在短视频评论区营造热议氛围。

📖 **要点展示**

- ⊙ 短视频评论区的主要作用
- ⊙ 打造活跃的短视频评论区
- ⊙ 回复用户评论的注意事项

12.1 短视频评论区的主要作用

对于短视频运营者来说，仅制作短视频就已经是一件耗时耗力的事了，那为什么还要去回复用户的评论呢？这主要是因为短视频评论区可以起到三大作用，这一节笔者就对短视频评论区的三大作用分别进行说明。

12.1.1 体现短视频的流量价值

评论数量能够在一定程度上体现出短视频的价值，通常来说，评论数量越多的短视频，获得的流量就越多，而短视频的流量价值也就越高。

图 12-1、图 12-2 所示分别为评论数量较多和较少的短视频评论界面。我们可以看到，这两条短视频评论数量的差距是很明显的。也正是因为差距很明显，大家一看就知道评论数量多的这条短视频获得的流量要多得多。

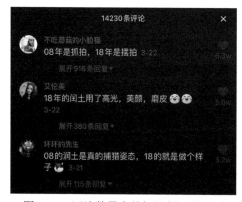

图 12-1　评论数量多的短视频评论界面

图 12-2　评论数量少的短视频评论界面

另外，用户在刷短视频时，也可以直接看到短视频的评论数量。图 12-3 所示为抖音、快手的短视频播放界面。我们可以看到，在其播放界面中直接显示了评论的数量。

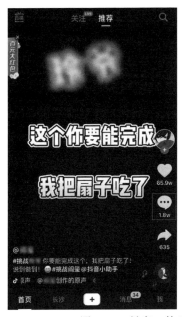

图 12-3　抖音、快手的短视频播放界面

也正是因为评论数量能够体现出短视频的流量价值，所以，许多用户在看到短视频的评论数量比较少时，可能会觉得短视频的质量一般，并因此直接选择略过；而品牌主在找短视频运营者合作时，如果看到运营者的短视频评论数量太少，则会因为运营者的影响力有限而不选择与其合作。

因此，运营者一定要积极运营好短视频评论区，通过各种手段提高短视频的评论数量，让用户和品牌主看到账号的价值。

12.1.2　辅助完善短视频内容

一条短视频长则几分钟、十几分钟，短则几秒钟、十几秒钟。在这有限的时间内，能够呈现的内容也是比较有限的，而且有的内容（如网页的链接）也不方便直接用短视频来进行呈现。在这种情况下，短视频运营者便可以借助评论区来辅助完善短视频的相关内容。

图 12-4 所示为一条广告营销短视频。这种短视频通常都需要通过链接引导用户前往对应的网站，所以，短视频运营者在评论区对主要内容进行了说明，并在文字的后方放置了详情链接。用户只需在评论区点击该链接，便可直接前往对应的营销网页。

图 12-4　在评论区对重要信息进行辅助说明

在笔者看来，运营短视频评论区就是对短视频内容进行二次处理的一种有效手段。运营者在评论区进行辅助说明，既可以完善内容，让营销意图得到更好体现，也可以对短视频中表达有误的地方进行补充说明，及时纠正自身的错误。

12.1.3　挖掘新的短视频选题

如果要问在短视频账号的运营过程中，什么是最让人伤神的，那么可能一部分运营者的回答是做短视频的选题。确实，短视频的选题非常重要，如果用户对选题不太感兴趣，那么根据选题打造的短视频就很难吸引用户。

挖掘短视频新选题的方法有很多，运营者既可以自主挖掘，也可以通过用户的反馈进行挖掘。而查看用户对短视频内容的评论，就是通过用户反馈挖掘新选题的一种有效方式。

图 12-5 所示为某短视频的播放和评论界面。这条短视频的主要内容是女主角不想去海底捞，因为它的服务太好了，让人有点不适应，而且还不能自带食材。但是，评论区中大部分人却将目光放在了这位女士手中拿着的面包上。

针对这种情况，该短视频运营者便可以根据用户的反馈，做一条该面包的营销短视频，并在短视频中添加购买链接。这样做，不仅可以让许多用户的需求得到满足，而且运营者也可以获得一定的收益。

图 12-5　评论区可挖掘新选题

12.2 打造活跃的短视频评论区

打造活跃的短视频评论区主要可以起到两方面的作用，一是加强与用户的沟通，做好用户的维护，从而更好地吸引用户关注账号；二是随着评论数量的增加，短视频的热度也将提高。这样一来，短视频将获得更多的流量，而营销效果也会更好。

那么，运营者要如何打造活跃的短视频评论区呢？这一节，笔者就为大家介绍 5 种方法。

12.2.1　通过短视频内容引起用户讨论

许多用户之所以会对短视频进行评论，主要就是因为他（她）对短视频中的相关内容有话要说。针对这一点，运营者可以在打造短视频时，尽可能地选择一些能够引起用户讨论的内容。这样做出来的短视频自然会有用户感兴趣的点，而用户参与评论的积极性也会更高一些。

爱情自古以来就是一个能够引起广泛关注的话题，每个人都有自己的爱情观，同时，每个人也希望收获自己梦想中的爱情。但是，现实与梦想之间却存在一些差距，现实中的很多爱情并非那么美好。比如，有的人在爱情中太过偏执、控制欲太强，甚至爱得太过疯狂。于是部分运营者据此打造了短视频内容。

图 12-6 所示为通过内容引起用户讨论的某短视频的播放和评论界面。该短视频中展示的就是影视作品中一位因为爱到深处而变得偏执和疯狂的女性。运营者在短视频标题中问道："也许这就是爱到深处了吧？"

图 12-6　通过短视频内容引起用户讨论

由于每个用户对爱情都有自己的看法，再加上看完短视频之后，心中有一些感触，因此用户们纷纷发表评论。评论数量很快超过两万条，而该短视频也因此快速成为热门短视频。

12.2.2　通过设置互动话题引导用户主动评论

有一部分用户会觉得打字有些麻烦，除非是看到了自己感兴趣的话题，否则他们可能没有心情，也没有时间对短视频进行评论。为了更好地吸引这部分用户积极主动地进行评论，运营者可以在短视频中设置一些用户都比较感兴趣的互动话题。

图 12-7 所示的短视频中，运营者以日常生活中不经意间经历的一些痛（如

脚趾不小心踢到了坚硬的物体）为话题打造了一条短视频。因为这种不经意的痛大多数人在日常生活中都经历过，甚至短视频中展示的几种不经意间的痛，部分用户全部都经历了。

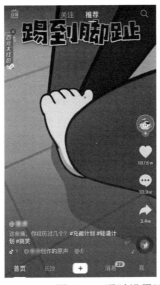 

图 12-7　通过设置话题引导用户主动评论

所以，看到这个话题之后，许多用户主动在评论区发表自己的意见，于是评论数量在短期内超过了 10 万条。由此不难看出，设置互动话题对于引导用户主动评论很有效。

其实每个人都是有表达需求的，只是许多人认为，如果短视频中涉及的话题自己不感兴趣，或者话题对于自己来说意义不大，那么就没有必要花时间和精力去表达自己的观点了。因此，短视频运营者如果想让用户积极地进行表达，就需要通过话题的设置先勾起用户表达的兴趣。

12.2.3　通过降低内容门槛引起用户共鸣

不同的短视频内容能够吸引到的用户是不同的。比如，阳春白雪的歌曲，能够听懂它的人很少，注定会曲高和寡；而那些下里巴人的歌曲，虽然通俗，但是却能获得更多人的应和。

做短视频内容也是同样的道理。如果运营者做的是专业的、市场关注度不高的内容，那么做出来的短视频，有兴趣看的人就会少，而对短视频进行评论的人就更少了。相反地，如果运营者做的是用户普遍关注的并且是参与门槛低的内容，那么有共鸣的用户就会多，对短视频进行评论的用户自然也会多。

因此，运营者如果想让短视频获得更多的评论，可以从内容的选择上下手，重点选择一些参与门槛低的内容，通过引起用户的共鸣来保障短视频的评论数量。

图 12-8 所示的短视频中，运营者对自己的减肥经历进行了分享和展示。因为减肥是用户普遍关注的一个话题，而且许多用户也有减肥的计划，或者正在减肥，所以，该短视频发布之后，很快就引发了许多用户的共鸣，而该短视频的评论数量也在短期内实现了快速增长。

图 12-8　通过参与门槛低的内容引起用户共鸣

12.2.4　通过提问吸引用户回答问题

相比陈述句，疑问句通常更容易获得回应。这主要是因为陈述句只是一种对观点或事件的陈述，并没有吸引人参与讨论的意图。而疑问句则把问题抛给了受众，这实际上是提醒受众参与互动。因此，在短视频文案中提问，可以吸引更多用户回答问题，从而直接提高评论的数量和评论区的活跃度。

图 12-9 所示的短视频就是通过提问吸引用户回答问题，来提高评论区活

跃度。在该短视频中，运营者对人物借钱前后的态度转变进行了展示。借钱时，短视频中的人物喜笑颜开，并拱手感谢；而借钱之后，债主向他要钱时，他则一脸怒容。与此同时，运营者还借助短视频标题问道："有多少人（是）这样借钱（的）？"

图 12-9　展示借钱前后的不同表现

借钱从来都是一个非常敏感的话题，如果不借，可能会破坏彼此的感情；如果借了，对方没有按时还，那么让对方还钱是一件麻烦事。一旦处理不好，就会造成矛盾。许多人借钱给他人时，都有过一些不愉快的经历。所以，当短视频运营者就这个话题提问时，许多用户纷纷进行评论，发表自己的意见，如图 12-10 所示。而该短视频的评论区也在一段时间内一直都保持着一定的热度。

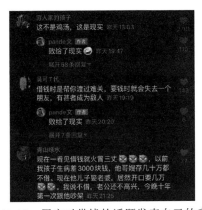

图 12-10　用户对借钱的话题发表自己的意见

12.2.5　采用场景化的回复吸引用户

场景化的回复，简单来说就是结合具体场景做出的回复，或者能够通过回复内容想到具体场景的回复。例如，在通过回复向用户介绍某种厨具时，如果把该厨具在什么环境下使用、使用的具体步骤和使用后的效果等内容进行说明，那么回复内容就变得场景化了。

相比一般的回复，场景化的评论在用户心中构建起了具体的场景。所以，用户看到回复时，更能清楚地把握产品的具体使用效果。而大多数用户对产品在具体场景中的使用又是比较在意的，因此，场景化的回复往往更能吸引用户。

12.3 回复用户评论的注意事项

在运营短视频评论区的过程中，回复用户的评论很关键。如果回复得好，可能会为短视频带来更多的流量；如果回复得不好，很可能会为账号带来一些"黑粉"。

短视频运营者要如何做好评论的回复呢？笔者认为，短视频运营者一定要了解回复用户评论的注意事项，并据此运营短视频评论区。

12.3.1　积极回复

怎样做到积极回复用户的评论呢？笔者认为，短视频运营者可以重点做好两个方面的工作。

一是用户进行评论之后，运营者尽可能快地做出回复，让用户觉得你一直在关注短视频评论区的情况。图 12-11 所示为某短视频的评论区。我们可以看到，该短视频运营者便是在用户评论完之后的几分钟、十几分钟内迅速做出了回复。

二是尽可能多地对用户的评论做出回复，最好是能对每条评论都进行回复。这可以让被评论的用户感受到你对他（她）的重视，你回复的评论越多，获得的粉丝就会越多。

图 12-11　尽快对评论做出回复

图 12-12 所示为某短视频的评论区。我们可以看到，该短视频的运营者便是尽可能地对每条评论都做出回复。虽然该短视频运营者的回复内容比较简单，而且重复度比较高，但是，笔者认为这种回复收到的效果会比不对评论做出回复的效果要好得多。

图 12-12　尽可能对每条评论都做出回复

12.3.2　认真回复用户观点

在对短视频评论进行回复时，运营者既要注意"量"（回复的数量），也要注意"质"（回复的质量）。在笔者看来，高质量的回复应该建立在认真回复用户观点的基础上。如果你的回复与用户的评论风马牛不相及，那么用户就会觉得你的评论只是在敷衍他（她）。因此，对这种没有质量的回复，大部分用户通常是不会买账的。

比较有效的方法就是针对用户评论中的重点内容进行回复。

图 12-13 所示为某短视频的评论界面。我们可以看到，该短视频运营者就是抓住用户评论中的重点字眼，如"承受""保护"来进行回复的。这样做能够很好地保证回复内容与用户关注重点的一致性，因此，短视频的回复质量总体来说都是比较高的。

图 12-13　认真回复用户的观点

12.3.3　寻找话题，继续讨论

有时候，一些用户对短视频中的话题，可能并不是太感兴趣。此时，短视频运营者便可以通过评论区来寻找话题，让更多用户参与到话题中，从而让用户的评论能够继续下去。

在评论区寻找话题的方法有两种。

一种是短视频运营者主动创造话题。在图 12-14 所示的短视频评论界面中，该短视频的运营者便是因为自己的眉毛和蜡笔小新的眉毛很像，而借助评论主动创造新话题，引起用户参与讨论的兴趣。

另一种是通过用户的评论来挖掘新话题。当用户普遍对某个话题比较感兴趣时，运营者便可以将该话题拿出来，让所有用户共同对该话题进行讨论。

图 12-14　主动创造新话题

12.3.4　语言风趣，吸引点赞

语言的表达是有技巧的，有时候明明是同样的意思，但是，表达方式不同，最终产生的效果也会有很大的不同。通常来说，风趣的语言表达会比那些毫无趣味的表达更能吸引用户，也更能获得用户点赞。

因此，在回复用户的评论时，短视频运营者可以尽量让自己的表达更加风趣一些，通过风趣的表达来获得用户的点赞。

图 12-15 所示为某短视频的评论界面。我们可以看到，该短视频运营者在语言的表达上比较风趣。也正因如此，用户看到运营者的回复之后纷纷用点赞来表达自己的态度。

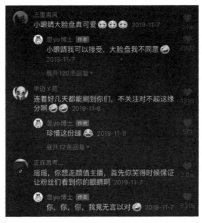

图 12-15　用风趣的语言吸引用户点赞

12.3.5 提出问题，活跃气氛

在 12.2.4 中，笔者在讲解打造活跃的评论区时曾提到，可以在短视频文案中以提问的方式来吸引用户回答问题，从而提高用户评论的意愿。其实，通过提问来提高用户评论的意愿这一点不止可以用于短视频文案，也同样适用于评论区文案的编写。

而且，相比在短视频文案中提问，在评论区提问有时候获得的效果更好一些。这主要是因为用户如果需要查看评论，或进行评论，就需要进入短视频的评论区。

短视频运营者的评论和回复内容带有"作者"的标志，用户一眼就能看到"作者"的重要评论和回复内容。因此，运营者如果在短视频评论区提问，那么提问内容会被大部分甚至所有看评论的用户看到。在这种情况下，用户如果对提问的内容感兴趣，就会积极回答。这样一来，短视频评论区的活跃度便得到了提高，而评论区的气氛也会变得更加活跃了。

图 12-16 所示为某短视频的评论界面。我们可以看到，该短视频的运营者便通过提问的方式来吸引用户回答问题，从而活跃评论区气氛。该问题提出之后，许多用户参与了进来，评论区的气氛也变得活跃了起来。

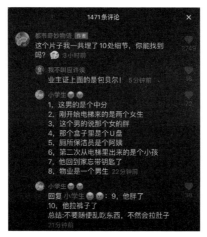

图 12-16　通过提出问题活跃评论区气氛

12.3.6　重视细节，吸引粉丝

俗话说得好："细节决定成败！"如果在短视频账号的运营过程中对细节重视不够，那么用户就会觉得运营者有些敷衍。短视频账号的粉丝很可能因此快速流失。相反地，如果作为短视频运营者，你对细节足够重视，那么用户就会觉得你在用心运营。而用户在感受到你的用心之后，也会更愿意成为你的粉丝。

图 12-17 所示为一条产品营销短视频的评论界面。许多用户直接评论说自己已经购买了产品。而看到这些用户的评论之后，短视频运营者也对用户表示了感谢。看到感谢之后，用户就能感受到运营者的善意，并因此选择关注该账号，成为该账号的粉丝。

认真回复用户的评论，让用户看到你作为短视频运营者在用心运营账号，也是一种吸引粉丝的有效手段。

图 12-18 所示的短视频评论中，运营者在回复时，从一些细节对用户的评论做出了回复，不仅让用户的疑惑得到了解答，还显示了自身的专业性。因此，许多用户看到该短视频运营者的回复之后，会直接选择关注该账号。

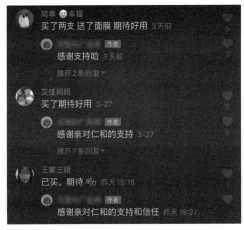

图 12-17　通过表示感谢吸引粉丝　　　　图 12-18　通过认真回复吸引粉丝

12.3.7　面对"吐槽"，切勿"互喷"

在网络上，许多人因为披上了"马甲"，所以，直接变身为"畅所欲言"

的"键盘侠"。面对这些喜欢"吐槽"甚至语言中显露出恶意的人，短视频运营者一定要有良好的心态。千万不能因为他们的不善而与其"互喷"，否则，许多用户可能会成为你的"黑粉"。

在面对某些用户带有恶意的评论时，不与其"互喷"，而是以良好的心态进行处理，也是自身素质的体现。这种素质有时候也能让你成功获取其他用户的关注。那么，在面对某些用户的"吐槽"时，要如何进行处理呢？在这里，笔者就给大家提供两种方案。

一种方案是用幽默的回复面对"吐槽"，在回复这些用户评论的同时，让他们感受到你的幽默感。图 12-19 所示为某短视频的评论界面，因为短视频中出镜的女性长得不是很好看，所以，许多用户在评论区"吐槽"，让出镜的女性戴面纱遮住脸。而看到这些评论，该短视频的运营者不仅不生气，反而用比较幽默的方式积极进行回复。许多原本带有恶意的用户，在看到其回复之后，也不禁生出一些好感。

另一种方案是面对恶意的"吐槽"，直接选择不回复，避免与用户产生言语上的冲突。图 12-20 所示为某短视频的评论界面。我们可以看到，其中部分用户的评论是带有恶意的，而该短视频的运营者在看到这些评论之后，就直接选择了不回复。

当然，在实际操作中，短视频运营者也可以将这两种方案结合使用。比如，当"吐槽"比较多时，可以用幽默的表达回复排在前面的几条评论。而对那些排在后面的"吐槽"，直接选择不回复就好了。

图 12-19　用幽默的回复应对"吐槽"

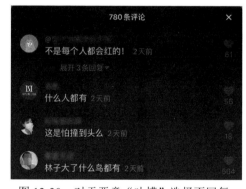

图 12-20　对于恶意"吐槽"选择不回复

12.3.8　做好检查，减少错误

短视频运营者在回复用户的评论时，要做好回复内容的检查工作，尽可能地减少回复内容的错误。这一点很重要，因为如果运营者的回复中出现了错误，那么用户就会觉得运营者在回复评论时不够用心。

那么如何做好回复内容的检查呢？笔者认为，需要重点做好两项内容的检查：一是文字，二是排版。

图 12-21 所示为某短视频的评论界面。我们可以看到，该短视频的运营者在回复评论时，便将"纯手工"写成了"存手工"，这是明显的文字错误。

图 12-22 所示为某短视频的评论界面。该短视频的运营者的回复内容中不仅将"做得更好"写成了"做的更好"，而且还出现了不应该有的分段。所以，这条回复在文字和排版上都做得不好。

图 12-21　文字错误

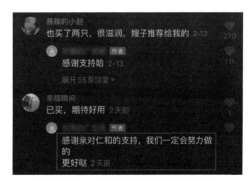

图 12-22　文字错误且排版有问题